Ingrid & Klaus Rathje

Schleswig-Holstein Nordseeküste

50 MIKROABENTEUER

ZUM ENTDECKEN UND GENIESSEN

360° medien

IMPRESSUM

Schleswig-Holstein Nordseeküste

50 MIKROABENTEUER ZUM ENTDECKEN UND GENIESSEN

Ingrid & Klaus Rathje

Nachtigallenweg 1 | 40822 Mettmann

Redaktion und Lektorat: 360° medien

Satz und Layout: Marc Alberti, Elke Gräfe

Gedruckt und gebunden:
LD Medienhaus GmbH & Co. KG | Van-Delden-Str. 6-8 | 48683 Ahaus
www.ld-medienhaus.de

Bildnachweis: siehe Seite 256

ISBN: 978-3-96855-325-2
Hergestellt in Deutschland

360grad-medien.de

Vorwort

Wer sich einmal an die manchmal etwas raue Nordsee gewöhnt hat, mag sie nicht mehr missen. Egal ob am Strand auf Sylt oder Amrum oder von einem grasbewachsenen Deich aus – die salzige Luft einzuatmen und in die Ferne zu schauen, ist immer wieder ein erhebendes Gefühl. Wir sind an der Nordseeküste aufgewachsen und haben als Mutter-Sohn-Gespann unsere Lieblingsorte für diesen Reiseführer zusammengestellt.

Die schleswig-holsteinische Nordseeküstenregion hat viel mehr zu bieten als gute Luft und das Wattenmeer. Es ist auch eine reiche Kulturlandschaft mit kulinarischen Besonderheiten, unzähligen jahrhundertealten Kirchen, zauberhaften Reetdachhäusern, Seen und Wäldern.

Der westliche Teil Schleswig-Holsteins lohnt sich für längere Aufenthalte genauso wie für einen Kurztrip, und das zu jeder Jahreszeit. Am Sylter Strand zu spazieren, ist im Sommer genauso erholsam wie im dunklen Winter. Außerdem hat sich die kulinarische Szene hier sehr stark weiterentwickelt in den letzten Jahrzehnten. Fisch- und Lammgerichte oder auch vegane Küche gibt es hier inzwischen auf höchstem Niveau und oft mit einem besonderen Sinn für regionale Zutaten wie die Sylter Zuckeralgen oder den „Queller", auch Meeresspargel genannt.

Es gibt also viel zu entdecken, immer auf die Gefahr hin, alte Klischees über Bord werfen zu müssen. Dabei sind wir mit diesem Buch gern behilflich und laden Sie dazu ein, unsere Heimat ganz neu kennenzulernen. Wir zeigen Ihnen versteckte Gärten auf Eiderstedt, Kunst in einer alten Fischerkate bei Husum, den einstigen Bauernhof von Rio Reiser, unsere Lieblingshalligen und die schönsten Badestellen.

Die schleswig-holsteinische Nordseeküste hat zwar keine großen urbanen Zentren, aber die vielen Dörfer und Kleinstädte haben ihren Reiz, egal ob sie direkt am Wasser liegen wie Husum und Glückstadt oder weiter im Landesinneren wie die Hebbelstadt Wesselburen mit ihrem „KOHlosseum" oder Meldorf mit dem einzigen Dom in dieser Region.

Kinder kommen übrigens auch nicht zu kurz bei einem Nordseeurlaub im nördlichsten Bundesland. Neben Sandburgenbauen an den Stränden gibt es in St. Peter-Ording die Möglichkeit, Tiere im „Westküstenpark" anzuschauen und sich von einem Seehund küssen zu lassen ... Außerdem wird das Thema Naturschutz an vielen Stellen kindgerecht präsentiert, sodass auch der Nachwuchs versteht, wie schützenswert diese weltweit einmalige Naturlandschaft ist.

Lassen Sie sich inspirieren von der schleswig-holsteinischen Nordseeküste – die Vielfalt wird Sie überraschen, soviel können wir schon mal verraten.

Eine unterhaltsam-informative Lektüre wünschen
Ingrid und Klaus Rathje

Inhaltsverzeichnis

An der Schleuse Kasenort

Hinweis:

Aus Gründen der besseren Lesbarkeit wird auf eine geschlechtsneutrale Differenzierung verzichtet. Entsprechende Begriffe gelten im Sinne der Gleichbehandlung grundsätzlich für alle Geschlechter. Die verkürzte Sprachform beinhaltet keine Wertung.

Willkommen

AN DER SCHLESWIG-HOLSTEINISCHEN NORDSEEKÜSTE!

Wer die Nordseeküste von Schleswig-Holstein besucht, kann den nördlichsten Zipfel der Republik betreten, denn die Insel Sylt überragt alles, jedenfalls geografisch. Diese Region ist einmalig und besticht durch die besondere Landschaft aus Watt, Sandbänken, Dünen und Salzwiesen – und gehört damit zu den fruchtbarsten Regionen der Erde. Allein im Wattenmeer leben rund 10.000 Pflanzen- und Tierarten.

Die Region ist geprägt von Wind und Wetter, Ebbe und Flut. Die Gezeiten, Tiden genannt, wirken geradezu magisch, denn die Wasseroberfläche senkt sich regelmäßig ab, um dann wieder anzusteigen. Der mittlere Gezeitenunterschied zwischen zwei Hochwasserständen beträgt zwölf Stunden und 25 Minuten. Die

Strandflieder

Nordsee lässt sich also abwechselnd auf dem Wasser befahren und auf dem Meeresgrund durchschreiten.

Lachmöwe

Ringelgänse

Innerhalb Schleswig-Holsteins nimmt die Nordseeküstenregion eine besondere Rolle ein. Es gibt hier im Gegensatz zur Ostseeküste keine großen Städte. Die westlich gelegenen Landkreise Nordfriesland, Dithmarschen, Steinburg und Pinneberg, kommen zusammen auf gerade mal 750.000 Menschen. In ganz Schleswig-Holstein leben 2,9 Millionen – mehr als zwei Drittel der Schleswig-Holsteiner leben also in der Ostsee-Region. Die Grenze zwischen den Landesteilen Schleswig und Holstein verläuft im Westen zwischen den Landkreisen Nordfriesland und Dithmarschen entlang der Eider. Im Osten markiert der Nord-Ostsee-Kanal die Grenze zwischen den beiden Regionen.

Im Jahr 2021 gab es in der schleswig-holsteinischen Nordseeküstenregion stolze elf Millionen Übernachtungen in Hotels, Pensionen und Ferienwohnungen von 1,7 Millionen Gästen. Somit sind die 19.000 Strandkörbe hier mehr als gerechtfertigt.

Die Geschichte dieser Region ist stark geprägt durch das Nachbarland Dänemark. Bis zum deutsch-dänischen Krieg 1864 gehörte Schleswig-Holstein zu Dänemark. Im damals eigenstän-

Seehunde

digen Altona (heute ein Stadtteil von Hamburg) lag der dänische Grenzbahnhof. Nach dem Sieg der preußisch-österreichischen Truppen fiel das Herzogtum Schleswig (das zu dieser Zeit auch die dänische Insel Röm sowie die Städte Apenrade und Hadersleben umfasste) an Preußen und das Herzogtum Holstein an Österreich. 1866 besetzte Preußen allerdings auch Holstein und machte beide Herzogtümer zu einer preußischen Provinz.

Erst nach dem Ersten Weltkrieg verschob sich die Grenze wieder. In einer Volksabstimmung 1920 entschied sich der nördliche Teil der Bevölkerung von Schleswig für die Vereinigung mit Dänemark. Der südliche Teil sprach sich überwiegend für Deutschland aus. Die Grenze zwischen den beiden Abstimmungsgebieten entspricht immer noch der heutigen Grenze zwischen Deutschland und Dänemark. Aber eben aus dieser Historie heraus heißt der Teil des deutschen Bundeslandes Schleswig-Holstein in Dänemark weiterhin „Südschleswig", während der dänische Teil „Nordschleswig" genannt wird.

Hieraus ergibt sich immer noch eine starke Präsenz der dänischen Sprache und Kultur auf deutscher Seite. Es gibt sogar dänische Schulen in Schleswig-Holstein, die aber nicht nur von der dänischen Minderheit genutzt werden dürfen. Auch deutsche Familien wissen die skandinavische Pädagogik zu schätzen.

Neben Dänisch gibt es an der Nordseeküste eine weitere ganz eigene Sprache, nämlich Friesisch. Gut 8000 Menschen sprechen diese Sprache noch, die tatsächlich keinen Dialekt darstellt, sondern etwas ganz Eigenständiges ist. In Nordfriesland gibt es sogar ein Zentrum für die Pflege, Förderung und Erforschung der friesischen Sprache und Kultur. Das „Nordfriisk Instituut" in Bredstedt hat dazu auch eine Dauerausstellung geschaffen (siehe Tipp 18).

Aber die Nordseeküstenregion von Schleswig-Holstein pflegt nicht nur ihre Kulturgeschichte, sondern steht auch mehr als andere Regionen für die Energie der Zukunft. Mit den großen Windparks an Land und offshore auf der Nordsee ist diese Region einer der großen Treiber der Energiewende. Davon zeugt auch die „Husum Wind": In der nordfriesischen Kreisstadt findet die Leitmesse der Windindustrie für den deutschsprachigen Raum statt. Als Schirmherr fungiert Bundeswirtschaftsminister Robert Habeck. Zu den Windkraftvorreitern an der schleswig-holsteinischen Nordseeküste zählt die kleine Gemeinde Reußenköge. Hier stehen schon seit den 1980er-Jahren Windkraftanlagen. Inzwischen produziert die Gemeinde, in der nur 330 Menschen leben, eine Milliarde Kilowattstunden grünen Strom. Das reicht für 250.000 Haushalte, beziehungsweise eine Million Menschen – das entspricht einem Drittel von ganz Schleswig-Holstein.

Offshore-Windpark Kaskasi

Top 10

DER SEHENSWÜRDIGKEITEN AN DER SCHLESWIG-HOLSTEINISCHEN NORDSEEKÜSTE

1 **Nationalpark Schleswig-Holsteinisches Wattenmeer:** Auf 4380 Quadratkilometern erstreckt sich das im Nationalpark besonders geschützte Wattenmeer. Die Inseln sowie die größeren bewohnten Halligen gehören nicht dazu, wohl aber die kleineren Halligen Süderoog und Südfall. Der Nationalpark lässt sich über geführte Wattwanderungen direkt erleben. Ein besonderes Erlebnis ist auch ein Ausflug zu einer der Seehundbänke. Außerdem bieten die Schutzstationen und Informationszentren Vogelbeobachtungs-Exkursionen an. *nationalpark-wattenmeer.de/sh*

2 **Insel Sylt:** „Ohne uns wäre es nur eine Insel" – so warb das Promiblatt Bunte mit einem Sylt-Foto in Anspielung auf die vielen berühmten Menschen, die sich hier einfinden. Dabei ist die „Königin der Nordsee" kein reines Reichen-Biotop. Natürlich gibt es hier die teuren Zweitwohnsitze und

hochpreisigen Restaurants. Aber in Westerland gibt es auch einen McDonald's und die Imbiss-/Restaurantkette Gosch ist gleich mehrfach auf der Insel vertreten. Sylt ist also für jedermann eine Reise wert. Über den Bahndamm ist die Insel mit dem Festland verbunden. Vom Bahnhof in Westerland sind es nur ein paar Gehminuten bis zum herrlichen Strand, der sich das ganze Jahr über für einen ausgedehnten Spaziergang anbietet. *sylt.de*

3 **St. Peter-Ording:** Ein Ort, der ganz von seiner Sandbank lebt: St. Peter-Ording hat den Strand der Strände an der Nordseeküste und belegt Platz 1 im Ranking der am stärksten frequentierten Tourismusorte auf dem Festland von Schleswig-Holstein. Ein Unikum innerhalb Deutschlands besteht darin, dass es teilweise möglich ist, direkt auf dem Strand Autos zu parken. Das ist natürlich bequem, kostet aber auch ein paar Euro. Wer über Sand spaziert und den Ausblick auf die Nordsee genießt, kann hier eine Weile spazieren gehen, denn der Strand ist ganze zwölf Kilometer lang. Typisch für „St. Peter" – wie Einheimische den Ortsnamen gern abkürzen – sind die Pfahlbauten, die direkt im Wasser stehen und wie die „Strandbar 54° Nord" als Restaurants mit perfekter Aussicht dienen. *st-peter-ording.de*

4 **Amrumer Strand:** Der US-Nachrichtensender CNN hat den Strand der Nordseeinsel Amrum in ihrem Jahresplaner 2022 unter den „Best Beaches in the World", also den besten Stränden der Welt, aufgeführt. Der Kniepsand ist zehn Kilometer lang und bis zu zwei Kilometer breit und damit der größte Badestrand Europas. Was der Insel noch Pluspunkte einbrachte bei der Bewertung: die relative Ruhe im Vergleich zur nördlich von Amrum liegenden Insel Sylt und die geführten Wattwanderungen zur Nachbarinsel Föhr. *amrum.de*

5 **Föhr:** Sie ist die größte Insel in Deutschland ohne Landverbindung und wird auch „Die Fahrradinsel" genannt, denn sie bietet sich bestens an für ausgedehnte Radtouren durch die abwechslungsreiche Vegetation. Gleichzeitig findet sich auf Föhr auch ein schöner Strand gleich bei Wyk, dem Hauptort der Insel, wo sich auch der Fähranleger befindet. Wer klassisch in einem Reetdachhaus übernachten oder nur gut essen gehen möchte, sollte bei Sternhagens Landhaus in Oevenum einkehren. Das wohl schönste Dorf der Insel ist Nieblum, das durch seine historischen Friesenhäuser und dem „Friesendom", einer mittelalterlichen Kirche, besticht. *foehr.de*

6 **Büsum:** Mit etwa zwei Million Übernachtungen pro Jahr rangiert Büsum auf Platz 3 der erfolgreichsten Urlaubsorte an der schleswig-holsteinischen Nordseeküste. Die kleine Hafenstadt in Dithmarschen bietet traditionelle Gastronomie, den historischen Muschelsaal und moderne Hotels wie die „Bretterbude" an der Familienlagune Perlebucht. Büsum besticht mit seinem grünen Strand und ist das Zentrum der deutschen Krabbenfischerei – wer mag kann sich die klassische Nordsee-Delikatesse fangfrisch am „Krabbenkutter Andrea" holen. Eigner André Clausen betreibt auch die „Hafeninsel Büsum", ein Imbiss direkt am Hafen mit einer eigenen Krabbenburger-Kreation. *buesum.de*

7 **Nolde-Museum:** Zwei Jahre hat es gedauert, bis die Nolde-Stiftung das Wohn- und Atelierhaus des führenden Expressionisten 2022 wiedereröffnen konnte. Ganze 8,5 Millionen Euro investierte die Stiftung in die denkmalgerechte Sanierung, die im Prinzip wieder zu den Anfängen zurückkehrt. Schließlich ist das Gebäude nach dem Tod von Emil Nolde (1867–1956) immer wieder umgebaut worden. Der bedeutende Maler, der fast sein ganzes

Leben in Schleswig-Holstein gelebt hat, hat es in der bildenden Kunst zu Weltruhm gebracht. Sein Privatleben und seine politischen Ansichten sind gerade in den letzten Jahren im Auftrag der Nolde-Stiftung intensiv erforscht und aufgearbeitet worden. Im Stiftungshaus neben dem ehemaligen Atelier sind auch die abgründigen Seiten des Künstlers transparent dargestellt, etwa seine glühende Verehrung der nationalsozialistischen Idee, von der sich Nolde nie öffentlich distanziert hat. Mit diesem Gegensatz muss jeder Fan von Noldes Kunst seinen eigenen Umgang finden. Im Nolde-Museum jedenfalls lässt sich neben dem künstlerischen Werk auch das Leben Noldes ausgiebig studieren. Außerdem sehenswert: Der vom Künstler selbst entworfene Garten zwischen Atelier und Stiftungshaus. *nolde-stiftung.de*

8 **Krokusblüte in Husum:** Vier Millionen Krokusblüten verzaubern jedes Frühjahr den Park im „Schloss vor Husum" (welches sich aber inzwischen mitten in der nordfriesischen Kreisstadt befindet). Der Anblick der lilafarbenen Schwertliliengewächse auf 50.000 Quadratmetern ist eine überwältigende Erfahrung und einmalig in Nordeuropa. Das Blumenwunder von Husum zieht Jahr für Jahr Krokusbegeisterte aus aller Welt an. Im März feiern die Husumer das Ereignis mit dem Krokusblütenfest. *husum-tourismus.de/Krokusbluete*

9

Leuchtturm Westerheversand: Er hat eine ungewöhnliche Medienkarriere gemacht und ist wahrscheinlich das berühmtes Leitfeuer Deutschlands. Der Leuchtturm Westerheversand (oder auch „Westerhever Leuchtturm") auf der Halbinsel Eiderstedt diente lange Jahre der niedersächsischen (!) Biermarke Jever als Werbemotiv. Außerdem landete das schöne Postkartenidyll 2005 auf einer Briefmarke. Der Leuchtturm lässt sich inzwischen auch besichtigen und bietet auf 37 Meter Höhe eine traumhafte Aussicht. *westerhever-nordsee.de*

10

Eidersperrwerk: Das größte deutsche Küstenschutzbauwerk ist rund 50. Jahre alt. An den Ruhestand ist aber wohl noch lange nicht zu denken, denn das stählerne Bauwerk an der Eidermündung bei Tönning erfüllt nach wie vor einen wichtigen Zweck, nämlich das Hinterland vor Überschwemmungen zu schützen. Bevor es das Eidersperrwerk gab, traten die Eider und ihre Nebenflüsse immer wieder über die Ufer. Es ist möglich, die 300 Meter lange Anlage mit dem Auto zu durchqueren, aber noch imposanter ist es, zu Fuß hoch oben über dem Sperrwerk entlangzuspazieren. Der Zugang ist von beiden Seiten aus möglich. *eiderstedt.net/eidersperrwerk*

Kurioses und Besonderheiten

AN DER SCHLESWIG-HOLSTEINISCHEN NORDSEEKÜSTE

An der Nordseeküste im nördlichsten Bundesland gibt es einige außergewöhnliche Dinge – vom „Friesenbaum“ bis zum „Tanz der Stare“ ...

✓ Das Neujahrs-Anbaden hat an der Nordsee Tradition. Egal wie kalt es ist, es finden sich immer schwimmbegeisterte Menschen, die bereit sind, sich in schlimmster Kälte in die Nordseefluten zu werfen und ein paar Züge zu schwimmen. Beliebte Badestellen sind Wenningstedt auf Sylt oder auch Wyk auf der Insel Föhr. Dieses Spektakel zieht auch viele Schaulustige an, denn das winterliche Badevolk hüllt sich gern in lustige Kostüme. So kann man immer wieder Schnee- und Weihnachtsmänner beobachten, auch der klassische Schlafanzug ist ein beliebtes Outfit. Sogar Sonne, Mond und Sterne wurden schon beim Anbaden gesichtet. Einige springen sogar öfters in die kalten Fluten. Meist dauern diese Events eine Stunde und werden von Rettungsschwimmern begleitet, falls sich doch mal jemand überschätzt.

Friesische Übersetzung inklusive

✓ Manche Ortsschilder und Wegweiser an der Nordseeküste sind dreisprachig. Neben der offiziellen hochdeutschen Bezeichnung eines Dorfes steht oft noch die plattdeutsche Übersetzung auf den Schildern und manchmal auch der friesische Name.

Unter dem Namen „Schwarze Sonne“ oder „Tanz der Stare“ ist ein Naturphänomen bekannt, das sich zwei Mal im Jahr im nördlichen Nordfriesland abspielt. Über dem Bundesgaarder See im Gotteskoog oder bei Aventoft an der deutsch-dänischen Grenze lassen sich im Frühjahr und Herbst hunderttausende Stare beobachten, die in einer synchronen Formation fliegen und dabei den Himmel bzw. die Sonne verdunkeln. Dieses Naturschauspiel zieht regelmäßig tausende Vogelfans nach Nordfriesland.

Das kleine Städtchen Marne in Dithmarschen ist die nördlichste Karnevalshochburg Deutschlands. Seit 1956 gibt es hier einen Rosenmontagsumzug, der inzwischen 20.000 Menschen anlockt. 1960 gründete sich die Marner Karnevalsgesellschaft, die den Schlachtruf „Marn hol fast“ („Marne hält zusammen“) führt. Entstanden ist diese Karnevalstradition nicht etwa, weil versprengte Rheinländer ihre Umzüge im Exil so vermisst hätten, sondern einfach, um das Wintergeschäft anzukurbeln. Ein paar pfiffige Marner Gastwirte habe sich das ausgedacht und sehr erfolgreich in die Tat umgesetzt.

Die kleine Gemeinde Wacken nordwestlich von Itzehoe hat es zu musikalischem Weltruhm gebracht, denn hier findet seit 1990 eines der größten Heavy-Metal-Festivals statt. Um die 80.000 Gäste aus der ganzen Welt pilgern jedes Jahr im August zum „Wacken Open Air“ (W:O:A) in das kleine Dorf, in dem nicht mal 2000 Menschen leben. Die beiden Gründer Holger Hübner und Thomas Jensen, beides Einheimische, haben das Festival gegründet und führen es weiter – in der Hoffnung, irgendwann

AC/DC und Metallica nach Wacken zu holen. Holger Hübner hat das Festival einmal als „eine Art gelebte Völkerverständigung im Partyformat" beschrieben.

Obacht beim Krabben kaufen: Von 500 Gramm ungeschälter Krabben bleiben in der Regel nur 200 Gramm Krabbenfleisch übrig.

Bernstein wird gern als das „Gold der Nordsee" bezeichnet. Es handelt sich um viele Millionen Jahre altes Baumharz, das sich versteinert hat und bräunlich schimmert. Manchmal sind Insekten eingeschlossen. Nach Stürmen spült die Nordsee immer wieder Bernstein an die Strände, mit etwas Glück findet man die glänzenden Steinchen beim Spazierengehen.

In der schleswig-holsteinischen Nordsee liegt auch Deutschlands einzige Hochseeinsel, nämlich Helgoland. Aber während die nordfriesischen Inseln wie Sylt, Amrum und Föhr zum Landkreis Nordfriesland gehören, zählt Helgoland verwaltungstechnisch ausgerechnet zum Kreis Pinneberg, der wiederum an Hamburg grenzt, also viel weiter weg liegt als Nordfriesland. Autos auf Helgoland tragen somit das Kennzeichen „PI" statt „NF".

Ringreiten als Kulturerbe

Sowohl auf den Inseln als auch auf dem Festland ist das Ringreiten ein beliebter Sport, der noch aus dem Mittelalter stammt. Im Galopp müssen die Ringreiterinnen und Ringreiter unter einem Galgen hindurch sprinten und versuchen, mit der Lanze einen Ring zu treffen. Seit 2021 gehört das Ringreiten zum „Immateriellen Kulturerbe" der UNESCO.

Heute ist ein geschmückter Tannenbaum zu Weihnachten absolut gebräuchlich an der Nordseeküste. Aber das war nicht immer so, denn gerade auf den nordfriesischen Inseln gab es bis Anfang des 19. Jahrhunderts praktisch keine Bäume, die man diesem Brauch hätte opfern können. Aus dieser Not heraus entwickelte sich die Idee, einen wiederverwertbaren Weihnachtsschmuck zu nutzen. Dieser „Friesische Weihnachtsbaum" besteht aus einem Holzgestell, das auf einem Tisch Platz findet. Um dieses Gestell wird ein Kranz geflochten und auf Querstreben können Kerzen angebracht werden. Dann gibt es noch verschiedene Varianten mit Figuren aus Salzteig. Auch der Begriff „Jöölboom" oder „Friesenbaum" ist gebräuchlich. Kaufen kann man die Friesenbäume das ganze Jahr über im „Weihnachtshaus Husum" (Westerende 46): Der historische Laden aus dem Jahr 1890 ist Geschäft und Museum gleichermaßen. Hier gibt es alle erdenklichen Weihnachtsartikel und Christbaumschmuck. Außerdem beherbergt das Weihnachtshaus eine kulturgeschichtliche Sammlung zum Weihnachtsfest von der Biedermeierzeit bis heute.

Weihnachtshaus Husum

SCHWEDEN
DÄNEMARK
Ostsee
Nordsee
Kiel
SCHLESWIG-
HOLSTEIN
MECKLENBURG-
VORPOMMERN
HAMBURG
Schwerin
BREMEN
BRANDENBURG
POLEN
NIEDERSACHSEN
BERLIN
Hannover
Potsdam
Magdeburg
NORDRHEIN-
WESTFALEN
SACHSEN-
ANHALT
Düsseldorf
SACHSEN
Dresden
Erfurt
THÜRINGEN
HESSEN
RHEINLAND-
PFALZ
Wiesbaden
Mainz
TSCHECHIEN
SAARLAND
BAYERN
Stuttgart
FRANKREICH
BADEN-
WÜRTTEMBERG
München
ÖSTERREICH
SCHWEIZ

Esberg
REGION SÜDDÄNEMARK
Odense
Svendborg
Westerland
Sonderburg
Nakskov
Flensburg
Husum
Schleswig
Kiel
SCHLESWIG-HOLSTEIN
Helgoland
Neumünster
Cuxhaven
Lübeck
Norderstedt
Schwerin
Bremerhaven
Hamburg
HAMBURG
Lüneburg
Oldenburg
Bremen
BREMEN
Cloppenburg
NIEDERSACHSEN
Celle

Inseln und Halligen

Hallig Hooge

Inseln und Halligen

1. Wattwandern in der Nordsee: durch den Schlick von Amrum nach Föhr
2. Hallig Hooge: die Königin unter den Halligen
3. Pellworm: Willkommen auf der Sterneninsel
4. Hallig Süderoog: das Herz der Nordsee
5. Hamburger Hallig: erstklassig essen und baden im Nationalpark Wattenmeer
6. Nordseeheilbad Nordstrand: Erkundungstour auf der Pharisäer-Halbinsel
7. Helgoland: unterwegs im Unterland

Scherrebek
Toftlund
RÖM
Medolden
Husum-Ballum
Lügumkloster
List auf Sylt
Hoyer
Bülderup-Bau
Wenningstedt
Tondern
SYLT
Süderlügum
Rantum
Niebüll
Leck
Hörnum (Sylt)
FÖHR
1
AMRUM
1
Wyk auf Föhr
5
Bredstedt
Wittdün auf Amrum
2
NORDSEE
HALLIG HOOGE
HAMBURGER
HALLIG
3
JAPSAND
6
NORDEROOGSAND
4
Husum
PELLWORM
HALLIG SÜDEROOG
NORDSTRAND
SÜDEROOGSAND
Friedrichstadt
Norderdeich
Tönning
Wittenwurth
7
Wesselburen
Heide
HELGOLAND
Büsum
Meldorf
Friedrichskoog-Spitze

1 Wattwandern in der Nordsee

DURCH DEN SCHLICK VON AMRUM NACH FÖHR

Mitten durch das UNESCO-Weltkulturerbe zu spazieren, ist ein echtes Abenteuer. Dabei ist eine Wanderung viel mehr als ein Spaziergang, denn beim Waten durch Sand und Schlick kommt man dieser weltweit einmaligen Naturlandschaft am nächsten. Für die Sicherheit und ein informatives Begleitprogramm sorgt dabei Dark Blome, ein staatlich geprüfter Wattführer.

Dark Blome, „der Inselläufer"

Barfuß laufen ist für einige schon eine komplett neue Erfahrung. Aber bei einer Wattwanderung kommt eigentlich – zumindest im Sommer – nichts anderes infrage. Es ist eine großartige Naturerfahrung, mit den Füßen im Schlick einzusinken und den Nordseeboden bei Ebbe direkt zu spüren. Dabei ist Wattboden nicht gleich Wattboden.

Auf der Wanderroute von Amrum nach Föhr geht es relativ stabil zu, das heißt, zwischen den beiden Nordseeinseln liegt festeres Sandwatt, hier sinkt man also kaum ein. Beim küstennahen Watt kann es schon mal etwas glitschiger werden: Dort erwartet einen richtiger Schlick, der das Wandern etwas anstrengender macht. Aber heute kommt der Klassiker der Wattwanderungen: Zehn Kilometer lang ist die Route zwischen Norddorf auf Amrum und Dunsum an der Westseite von Föhr.

Dark Blome führt regelmäßig Wandergruppen von seiner Insel nach Föhr und klärt die wattwanderbegeisterten Gäste über Flora und Fauna im Wattenmeer auf. Außerdem weist er auf die Gefahren hin. Vor der Insel Föhr befindet sich nämlich ein größerer Priel, also eine Art Fluss im Meer. In diesen Wasserläufen befindet sich auch noch bei Ebbe Wasser. Zwei Mal am Tag steigt und sinkt das Nordseewasser und legt so die Wattland-

Wandern im UNESCO-Weltkulturerbe

schaft frei mit all ihren Tieren und Pflanzen. Steigt das Wasser wieder, laufen zuerst die Priele voll, die sich somit von kleinen Rinnsalen zu reißenden Flüssen entwickeln können.

Bei einer Wattwanderung kommt es also aufs richtige Timing an und damit kennen sich staatlich geprüfte Wanderführer wie Dark Blome aus. Der Amrumer nennt sich „der Inselläufer" und bietet die frühesten Wanderungen sogar mitten in der Nacht an, beziehungsweise um 3 Uhr morgens. „Auf diese Weise erleben wir den Sonnenaufgang zwischen den Inseln", erklärt Dark Blome, der diesen Job bereits seit 25 Jahren macht. „Wenn man Glück hat, herrscht eine sternenklare Nacht."

Von der Nordspitze Amrums aus kann die Wattwandergruppe erstmal entspannt drei Kilometer lang durch Marschland und Salzwiesen spazieren, dann führt die Route nochmal sieben Kilometer durchs Watt, wobei das Wasser hier erst noch die Knöchel umspült. Etwas später ist es dann ganz verschwunden und das Sandwatt erscheint. Aber dieser feste Untergrund bleibt der Gruppe leider nicht durchgehend erhalten: „Im Priel wird es matschig, hakt euch ein!", heißt es von Dark Blome, der immer ein Blick auf seine Schäfchen hat. Ganze zwei Priele müssen durchwatet werden, aber so viel Abenteuergeist liegt noch im Rahmen.

Wattwanderung im Winter

Zwischendrin liefert Blome, der auf Amrum lebt und auch dort aufgewachsen ist, immer wieder kleine Anekdoten, wenn er nicht gerade eine Pazifische Felsenauster entdeckt und präsentiert oder einen Wattwurm ausgräbt. Als das Ufer von Föhr erreicht ist, sind dreieinhalb Stunden vergangen und ein intensives Naturerlebnis geht zu Ende. Ausruhen können sich dann alle auf der entspannten Rückreise nach Amrum – nicht nochmal zu Fuß, sondern bequem auf der Fähre, die auch ein gutes Frühstück bietet, das sich nun alle verdient haben.

Für den erfahrenen Wattführer ist diese Tour „eine der schönsten Strecken der Welt“, die für Dark Blome auch nach einem Vierteljahrhundert noch genug Abwechslung bietet, denn die zurückgehende Nordsee formt das Watt immer wieder anders. „Wenn das Meer den Boden freigibt, öffnet sich eine neue Dimension. Ich liebe diese Ruhe und Verbundenheit mit der Natur, die hier entsteht.“

Info

Lage: Treffpunkt ist der Outdoor-Shop „Strand-Läufer“, Strunwai 5A, 25946 Norddorf auf Amrum

Website: *der-inselläufer.de*

HINWEISE:

- Neben der klassischen Wattwanderung von Amrum nach Föhr (oder umgekehrt), bietet Dark Blome als einziger auf dieser Strecke Touren im Winter an – dann natürlich mit seefesten Wathosen und Gummistiefeln.
- Es gibt noch eine ganze Reihe weiterer Wattwanderrouten an der Nordseeküste. Eine gute Übersicht von Wattführerinnen und Wattführern gibt es auf der Website vom Nationalpark Schleswig-Holsteinisches Wattenmeer. Startpunkte sind etwa Dagebüll, Lüttmoorsiel, St. Peter-Ording, Westerhever oder Büsum: *nationalpark-partner-sh.de/natur-erleben/wattfuehrungen*

2 Hallig Hooge

DIE KÖNIGIN UNTER DEN HALLIGEN

Ein Ausflug nach Hooge ist wie eine Flucht in eine Miniaturwelt. Auf der Hallig leben nur einhundert Menschen auf gut fünf Quadratkilometern – perfekt für eine entspannte Wanderung oder eine kleine Radtour, bei der viele alte Friesenkacheln zu bestaunen sind.

Eine Stunde und 15 Minuten dauert die Überfahrt von Schlüttsiel zur Hallig Hooge. Die Wyker Dampfschiffs-Reederei (W.D.R.) hat sogar eine kleine Autofähre im Einsatz, um Touristen und Einheimische über die Nordsee zu bringen. Hier geht es zu wie am Stammtisch einer Dorfkneipe. Viele kennen sich, trinken einen Kaffee oder ein Bier zusammen im Schiffsbauch, wo sich eine kleine Cafeteria befindet. Wer sich über die schmalen Stahltreppen ganz aufs Oberdeck traut, wird mit einem fantastischen Blick über die Nordsee belohnt.

Vom Anleger auf der Hallig Hooge sind es dann nur ein paar Schritte zur ersten Warft, wie die kleinen Hügel genannt werden, auf denen die Häuser stehen. Im Gegensatz zu den nordfriesischen Inseln werden Halligen bei einer Sturmflut von Wasser überspült („Landunter") – nur die Warften ragen dann noch heraus. Aber keine Sorge, in der sommerlichen Urlaubssaison ist das nicht der Fall. Außerdem gibt es hier einen kleinen Steindeich, der gegen leichtere Sturmfluten schützt.

Hallig mit Prillandschaft

Auf der Backenswarft, kurz hinter dem Fähranleger, gibt es einen Fahrradverleih. Aber wer es gemütlicher angehen will, kommt auch zu Fuß ganz gut über die Hallig. Autos gibt es hier mehr in der Theorie, der öffentliche Nahverkehr besteht aus Pferdekutschen. Der Charme von Hallig Hooge, die auch „die Königin" genannt wird, liegt in der schönen grasbewachsenen Landschaft, die immer wieder von kleinen Prielen durchzogen wird, also kleinen Wasser-Rinnsalen.

Kirchwarft

Kirche mit Walmotiven

Wer neben der Natur auch kulturelle Sehenswürdigkeiten sehen will, sollte sich die Kirche anschauen, die sich logischerweise auf der Kirchwarft befindet. Es handelt sich um ein reetgedecktes Gebäude aus dem 17. Jahrhundert, das von außen so gar nichts von einem Gotteshaus hat. Nur im Inneren erwarten einen Sitzreihen, Taufbecken und eine Kanzel sowie alte Walabbildungen, die daran erinnern, dass der Walfischfang früher eine große Rolle auf Hooge gespielt hat.

Das zweite große Denkmal der Hallig ist der Königspesel auf der Hanswarft. Ein Pesel ist so etwas wie ein Wohnzimmer, das nur zu Weihnachten und ähnlichen Anlässen genutzt wird. Es befindet sich in einem reetgedeckten Wohnhaus, das 1825 dem dänischen König als Herberge diente und der guten Stube den berühmten Beinamen verschaffte. Tatsächlich lässt sich der Königspesel seit 1880 besichtigen und ist damit das älteste Privatmuseum in Schleswig-Holstein. Die Stube ist mitsamt der Einrichtung originalgetreu erhalten und besticht durch mehrere tausend historische Fliesen, mit denen die Wände verkleidet sind.

Dieser klassische Wandschmuck lässt sich auch in den beiden Lokalen auf der Backenswarft anschauen. Im „Friesenpesel“, dem ältesten Restaurant von Hooge, gibt es eine alte Stube mit echten holländischen Kacheln, und wer im „Halligcafé Zum Blauen Pesel" einkehrt, kann ebenfalls alte Nordseemotive in Keramikform bewundern.

Museum seit 1880

Wer auf Hooge übernachten will, kann dies sogar bei der Bürgermeisterin im „Haus am Landsende" tun: Katja Just ist gewissermaßen die Botschafterin von Hooge, denn sie hat in zwei Bestseller-Büchern ihr Leben auf der Hallig eindrucksvoll beschrieben („Barfuß auf dem Sommerdeich" und „Frische Brise auf dem Sommerdeich") – und der Hallig damit sicherlich einige Gäste zusätzlich beschert.

Im Königspesel

Info

Lage: Die Hallig Hooge liegt zwischen den nordfriesischen Inseln Amrum, Föhr und Pellworm. Von Amrum und Föhr gibt es Fährverbindungen nach Hooge. Vom Festland aus ist die Hallig über die Häfen in Dagebüll und Schlüttsiel mit Fähren erreichbar.

Website: *hooge.de*

3 Pellworm

WILLKOMMEN AUF DER STERNENINSEL

Die „International Dark-Sky Association" (IDA) hat Pellworm besucht und der Insel 2021 den „Sterneninsel"-Status zugesprochen. Neben der niedersächsischen Insel Spiekeroog ist Pellworm nun die erste deutsche Insel mit diesem besonderen Label.

Die nach Sylt und Föhr drittgrößte nordfriesische Insel ist ausgerechnet deswegen in die Schlagzeilen gekommen, weil sie zu den dunkelsten Orten Deutschlands gehört. Pellworm ist daher offiziell zur „Sterneninsel" ernannt worden, weil sich von hier aus besonders gut der Sternenhimmel beobachten lässt. Das macht die Nordseeinsel aber tagsüber nicht weniger sehenswert.

Um diese Auszeichnung zu bekommen, die Sternengucker von nah und fern anzieht, reicht es nicht, von Natur aus zu den dunkelsten Orten zu gehören, es ist auch nötig, die Infrastruktur zu verändern. So musste das dünn besiedelte Pellworm 70 Straßenlaternen durch voll abgeschirmte Leuchten ersetzen, andere Lichtquellen wurden heruntergedimmt, um ja nicht den Nachthimmel zu sehr aufzuhellen.

Inzwischen nutzt die Nordseeinsel diese besondere Anerkennung und richtet sich auf das Interesse der ganz anderen „Nachtschwärmer" ein, die nun extra zum Sternengucken nach Pellworm reisen und den besonderen Blick auf die Milchstraße zu genießen. In der Urlaubssaison 2023 wird es erstmals Beobachtungsplätze und Liegebänke geben, um

Dunkelheit als neue Attraktion

ganz entspannt den nächtlichen Sternenhimmel beobachten zu können. Eine „Sternengucker-Bank“, bei der sich die Lehne verstellen lässt, wird es auf dem Abenteuerspielplatz im Süden der Insel geben (Kaydeich 15). Einen Beobachtungsplatz mit einem Tisch für Sternenbeobachtungs-Equipment liefert die Badestelle Hörn an der Nordseeküste der Insel.

Beste Bedingungen zum Sternegucken

Richtig dunkel wird es übrigens erst eineinhalb Stunden nach Sonnenuntergang. Erst dann entfaltet der Nachthimmel über dem Wattenmeer sein volles Potenzial. Am lohnenswertesten ist dieses Erlebnis im Frühjahr, Herbst und Winter, wenn die Nächte länger sind. Dadurch, dass

Pellworm die künstlichen Lichtquellen eindämmt, spart die Insel nicht nur Energie ein und senkt den CO_2-Ausstoß – es kommt auch dem Artenschutz zugute, denn Tiere profitieren vom Verringern der künstlichen Beleuchtung.

Aber natürlich hat das Tageslicht auf Pellworm auch sein Gutes, denn dann lässt sich die Natur der reinen Marschlandschaft genießen und bewandern. Anders als die Inseln Föhr und Amrum kann Pellworm nicht mit Sandstränden aufwarten, aber die grünen Grasufer haben auch ihren Reiz. Ein echtes Erlebnis ist eine Wanderung auf dem acht Meter hohen Außendeich. Auf den insgesamt 28 Kilometern hat man den perfekten Ausblick auf die Nordsee. Wer eine noch höhere Aussicht sucht, findet diese auf dem begehbaren Leuchtturm, der 37 Meter hoch ist und ganze 100 Jahre alt ist.

Wohl eine der schönsten Sehenswürdigkeiten auf der Insel ist die Alte Kirche St. Salvador aus dem 11. Jahrhundert mit seinem roten Ruinenturm. Im Inneren des Kirchenschiffs steht eine barocke Arp-Schnitger-Orgel aus dem Jahr 1711, die auch

Grüne Marschlandschaft

Alte Kirche St. Salvador

bei Orgelkonzerten im Sommer zum Einsatz kommt. An Kultur mangelt es ohnehin nicht. Im Schipperhus Pellworm (Tammensiel 26) gibt es sogar ein Lesefestival mit der dortigen Buchhandlung von Nadja Kossack. Die ehemalige Gastwirtschaft beherbergt auch eine Vinothek und dient allgemein als gemütliche Eventlocation auf der Insel.

Für Mitbringsel von Pellworm empfiehlt sich der Hofladen Loh4, der zum „WattGut Pellworm" gehört (Süderkoogweg 4). Von der Inselmarmelade bis zur Teekanne ist hier alles zu haben. Das WattGut ist ein restaurierter Hof aus dem Jahr 1850 mit Reetdach und Lehmwänden. Hier gibt es auch Ferienwohnungen und eine kleine Galerie sowie ein Café mit Frühstück und Kuchen.

Info

Lage: Die Insel Pellworm liegt westlich von der Halbinsel Nordstrand in der Nordsee.

Websites:

- *sterneninsel-pellworm.de*
- *pellworm.de*
- *schipperhus-pellworm.de*
- *wattgutpellworm.de*

HINWEIS: Die Neue Pellwormer Dampfschiffahrts GmbH (NPDG) verkehrt zwischen Pellworm und dem Hafen Strucklahnungshörn auf der Halbinsel Nordstrand; *faehre-pellworm.de*

4 Hallig Süderoog

DAS HERZ DER NORDSEE

Sie sind die einzigen Menschen, die den Nationalpark Schleswig-Holsteinisches Wattenmeer ständig bewohnen: Nele Wree, ihr Mann Holger und ihre beiden Kinder leben auf der Hallig Süderoog, die als Vogelschutzgebiet in der Schutzzone 1 liegt. Für Tagesgäste ist es möglich, die Familie und ihren kleinen Bauernhof zu besuchen.

Hallig in Herzform

Der Umriss von Süderoog erinnert an eine Herzform und gilt für die Bewohnerfamilie daher als „Das Herz der Nordsee". Außerdem sind auf dieser kleinen Hallig – sie ist nur 60 Hektar groß – Trauungen möglich. So eine Hallig-Hochzeit darf aber nur drei bis vier Stunden dauern, und eine Hochzeitsnacht auf der Hallig ist nicht möglich – sie gehört eben zum Naturschutzgebiet, da ist kein Übernachtungs-Tourismus erlaubt. Romantisch ist es trotzdem, denn auf der südlichsten der nordfriesischen Halligen ist es einfach traumhaft schön.

Es gibt hier nur eine Warft mit einem Bauernhaus darauf, ringsherum nur Gras und Nordsee oder bei Niedrigwasser das Watt. Nele Wree und ihr Mann Holger Spreer-Wree haben die Aufgabe, das Eiland in Schuss zu halten. Dafür sind sie ganz normal beim Landesbetrieb für Küstenschutz, Nationalpark und Meeresschutz angestellt. Dazu gehört auch ein kleiner landwirtschaftlicher

Die einzige Warft auf Süderoog

Betrieb mit Tieren. Außerdem gibt es den „Süderooger Onlineshop" mit Halligprodukten: Hier werden Bienenwachskerzen in Form von Leuchttürmen, Eierlikör mit echtem Überseerum, Wurstspezialitäten von den eigenen Schafen sowie Lamm- und Schaffelle angeboten.

Zur Insel Pellworm, wo das Hallig-Paar sich kennengelernt hat, existiert keine reguläre Fährverbindung – nur ein bis zwei Mal im Monat gibt es zwischen Mai und Oktober eine Ausflugsfahrt. Von dort können Gäste nach Süderoog kommen, aber sie dürfen – wenn sie nicht gerade heiraten – die Hallig nur für eine Stunde besuchen. Die andere Anreisemöglichkeit ist eine Wattwanderung von Pellworm. Es mag ein kurzes Vergnügen sein, aber so ein Ausflug lohnt sich, schließlich kann die Anreise selbst schon ein kleines Abenteuer sein.

Wolliger Halligbewohner

Zudem ist es eine besondere Erfahrung, so ein kleines Fleckchen Land mitten in der Nordsee zu erleben. Süderoog ist 1100 Meter lang und 785 Meter breit. Das ist der ganze Aktionsradius, keine Kneipe, kein Kino, nur Bauernhof und Salzwiese. Die Hallig kann 50- bis 100-mal im Jahr von der Nordsee überspült werden. Diesen Alltag muss man mögen. In diese Welt einmal hineinzuschauen, ist sehr spannend, gerade auch wenn es sich um eine so offene und sympathische Gastfamilie handelt.

Info

Lage: Die Hallig Süderoog liegt sechs Kilometer südöstlich von der Insel Pellworm in der Nordsee.

Website: *halligsuederoog.de*

HINWEIS: Besuche auf der Hallig Süderoog sind nur von Mai bis Oktober möglich, im Rahmen einer geführten Wattwanderung oder über eine Schiffstour, jeweils ab Pellworm; *faehre-pellworm.de/ausfluege/mit-der-ms-nordfriesland*

5 Hamburger Hallig

ERSTKLASSIG ESSEN UND BADEN IM NATIONALPARK WATTENMEER

Schon die Hinfahrt ist Entspannung pur: Wer die Hamburger Hallig mit seinem Hallig-Krog besuchen will, fährt mit 30 km/h über einen Plattenweg, den man sich zuweilen mit Schafen teilen muss.

Dieser kleine Landstrich steckt voller Überraschungen. Er ist Badestelle, Hotspot für Feinschmecker und Naturschutzgebiet in einem. Etwa zehn Kilometer von der Stadt Bredstedt entfernt liegt die Hamburger Hallig direkt an der Nordseeküste. Früher war dieser Flecken eine eigene Insel namens „Strand“, wurde dann über einen Damm mit dem Festland verbunden und ist somit leicht erreichbar. Mit einer Einschränkung: Wer mit dem Auto unterwegs ist, muss eine Maut von sechs Euro entrichten.

Hierfür bietet das Amsinck-Haus, das gleichzeitig als Nationalpark-Zentrum mit Ausstellung dient, einen Ticketschalter oder auch einen Automaten. Vom Eingang zum Gelände bis zum Hallig-Krog am anderen Ende der Hamburger Hallig sind es gut viereinhalb Kilometer, die sich auch leicht mit dem Fahrrad zurücklegen lassen. Für zwei Euro kann man eines hier mieten. Das Autofahren ist zwar möglich, aber oft nur in Schrittgeschwindigkeit. Entweder muss man auf dem einspurigen Plattenweg entgegenkommenden Fahrzeugen ausweichen und in einer Ausweichbucht warten – oder eine ganze Schaffamilie schlendert gemütlich vorbei und bremst einen aus. Das ist aber gar nicht schlimm, denn es gibt viel Natur zu bestaunen auf dieser Hallig mit seinen satten grünen Salzwiesen.

Restaurant Hallig-Krog

Zugvögel auf der Hamburger Hallig

Erstmal ist die Landschaft selbst ein echter Hingucker, denn Salzwiesen bieten ganz anderen Pflanzen einen Lebensraum als normale Wiesen. Hinzu kommen tausende Zugvögel, die sich hier aus der Nähe beobachten lassen – der NABU Schleswig-Holstein hat hier einen kleinen Infopunkt eingerichtet. Die Hallig beherbergt sogar ein Areal, um Bienenköniginnen zu züchten. Hierfür gibt es bunte Bienenkästen direkt am Hallig-Krog, dem größten der wenigen Gebäude auf der Hamburger Hallig.

Unter dem Reetdach gibt es feinste Küche mit regionalen Zutaten. Der Hallig-Krog ist tatsächlich ein kulinarischer Geheimtipp, denn hier ist seit 2015 ein echter Meister seines Fachs am Werk. Erik Brack, der aus Baden-Württemberg stammt, hat eine bewegte Karriere als Koch hinter sich. Er hat nicht nur in vielen angesehenen Restaurants in Deutschland gearbeitet, sondern war auch acht Jahre lang auf Großer Fahrt, und zwar mit dem Passagierschiff, das es zu Fernsehruhm brachte und vielen Menschen den Samstagabend als „Das Traumschiff“ versüßt hat.

Erik Brack

Hier war Erik Brack Küchenchef zur See und ist in der berühmten TV-Reihe immer noch verewigt, denn er führt als Koch die Eisparade an, die nach wie vor als Schlusssequenz in jede Folge geschnitten wird.

Inzwischen hat der 45-Jährige wieder festen Grasboden unter den Füßen und bewirtschaftet das weiße Friesenhaus mit Klassikern wie Lamm- und Fischgerichten. Es gibt aber auch Experimentelles wie den „Wattenmeersalat", der neben Nordseekrabben und Blattsalat auch Sylter Zuckeralgen enthält, eine süße Algenart mit viel Protein. Ausprobieren wird dringend empfohlen. Wer sich danach etwas abkühlen will, kann dies gleich in der Nordsee tun, denn die Hamburger Hallig ist auch eine offizielle Badestelle im Nationalpark Wattenmeer mit öffentlichen Duschen, um sich das Salz abzuwaschen. Die Restaurantsaison geht von Frühjahr bis Herbst, ab dann wird es ungemütlich, denn die Sturmfluten treiben regelmäßig das Wasser über die Hamburger Hallig. Dann ragen nur noch die höheren Warften heraus, sodass Erik Bracks Hallig-Krog Oberwasser behält.

Info

Lage: Die Hamburger Hallig mit dem Hallig-Krog gehört zur Gemeinde Reußenköge und liegt etwa 15 Kilometer westlich von Bredstedt.

Website: *hallig-krog.de*

HINWEIS: Wer ein Ticket am Automaten kaufen will, kann solange direkt vor dem Amsinck-Haus (Sönke-Nissen-Koog 36a, 25821 Reußenköge) parken. Mit dem Ticket öffnet sich die Schranke für den Weg zur Hamburger Hallig. Beim Hallig-Krog gibt es Parkplätze.

6 Nordseeheilbad Nordstrand

ERKUNDUNGSTOUR AUF DER PHARISÄER-HALBINSEL

Die Straße, die über den Damm führt, der Nordstrand mit dem Festland verbindet, trägt den malerischen Namen „Pohnshalligkoogstraße". An der Hausnummer 1 wartet gleich der „Nordstrander Hofladen Baumbach" mit einem breiten Sortiment an lokalen Lebensmitteln und Kleidung aus Schafwolle. Der Laden gehört zu einer Schäferei mit Rinderzucht und bietet daher echtes Nordstrander Lammfleisch sowie Filets vom Galloway. Aber auch Lammfelle sind hier im Angebot oder Wolldecken. Reinschauen lohnt sich, es gibt sogar einen Onlineshop.

Die Nordseeküste ist von Sturmfluten geprägt worden. Für Nordstrand gilt dies in besonderem Maße, denn zu der Halbinsel gehörte die Handelsmetropole Rungholt, die vor gut tausend Jahren im Meer versank. Inzwischen geht es hier etwas ruhiger zu. Nordstrand eignet sich mit seinen urigen Cafés und der schönen Landschaft bestens für eine kleine Rundtour, gern auch auf dem Fahrrad.

Wer es etwas kunstvoller mag, sollte wenige hundert Meter weiter den Hardenhof besuchen (Pohnshalligkoogstraße 11). Hier verkauft Dirk Krüger Petersen besondere Gartenzäune und Vogelhäuser, die er in seiner eigenen Manufaktur zaubert. Dabei setzt der gelernte Tischler auf Upcycling und nutzt Altmetalle vom Schrottplatz oder Restholz, das sonst auf dem Müll landen würde. Ansonsten kommt hochwertiges Lärchenholz zu Einsatz. Aber der Hardenhof ist auch

Manufaktur und Naturgarten Hardenhof

ein begehbarer 1,5 Hektar großer Naturgarten, der mit hölzernen Elementen verziert worden ist. Hier gibt es kleine Tümpel, märchenhaft anmutende zugewachsene Wege, Obstbäume und viele Vögel, die im Garten nisten – natürlich in den von Dirk Krüger Petersen hergestellten Behausungen.

Spätestens jetzt wäre es Zeit für einen Kaffee und den gibt es in der Engelmühle. „Nordstrands Gourmet Café", wie es sich selbst tituliert, liegt unübersehbar in Süderhafen, einer der kleinen Ortschaften, die allesamt zur Gemeinde Nordstrand gehören. Es handelt sich tatsächlich um eine alte Mühle, in der es sehr liebevoll kreierte Petit Fours, Schokotartes sowie alle erdenklichen Torten gibt – natürlich auch eine echte Friesentorte. Wenn es nichts Süßes sein soll, empfiehlt sich das Halligbrot, ein Schwarzbrot belegt mit Nordseekrabben und Spiegeleiern.

Essen in der Engelmühle

Noch etwas Kunsthandwerk gefällig? Dann unbedingt die „Nordstrander Töpferei" anschauen (Süden 44). Seit über 30 Jahren entstehen hier Tassen, Kaffeebecher, Blumentöpfe und Lampenschirme aus Ton, jeweils verziert mit einem charakteristischen blaugemusterten Zierstreifen. Die Nordstrander Töpferei ist eine echte Institution und gehört zu den größten Manufakturen in Schleswig-Holstein. Wer vorab schon mal stöbern will, kann dies im Onlineshop tun.

Die kulinarische Seite kommt natürlich auch nicht zu kurz auf Nordstrand. An der nordwestlichen Küste wartet das Hotelrestaurant „Zur Nordsee" (Norderhafen 22), zu dem auch das Strandcafé Halligblick im Nebengebäude gehört. Wie die Namen vermuten lassen, liegen die Häuser direkt am Deich und erlauben mit einer großen Gemeinschaftsterrasse im Obergeschoss einen weitläufigen Blick über die Nordsee. Dies ist gerade auch ein Vergnügen zum Sonnenuntergang. Dazu empfiehlt sich eine Dorade oder ein Lammrücken.

Etwas versteckter liegt der berühmte „Pharisäerhof" in Elisabeth-Sophien-Koog, der sich etwa in der Mitte der Halbinsel befindet. Im Pharisäerhof ist gewissermaßen Alkohol-Geschichte geschrieben worden, denn hier ist 1872 das gleichnamige nordfriesische Nationalgetränk entstanden. Die Einheimischen versuchten mit einer Sahnehaube auf dem Kaffee ihren Pastor zu täuschen. Dieser war nämlich ein erklärter Alkoholgegner, aber seine Schäfchen mochten trotzdem nicht auf ihren Rum im Kaffee

Ursprung des friesischen Nationalgetränks

verzichten. Die Sahnehaube sollte den Alkoholgeruch ausbremsen, allerdings flog der Schwindel auf, denn den Pastor erreichte irrtümlicherweise auch ein Kaffee mit Schuss. Aus seinem wütenden Ausspruch „Ihr Pharisäer!", womit er die heuchlerische Doppelmoral anprangerte, ist der nun offizielle Name dieses Friesen-Drinks entstanden. 150 Jahre später lässt sich hier ganz offiziell ein Kaffee mit Rum, Zucker und Sahnehaube bestellen, ohne dass jemand Moralpredigten hält. Inzwischen gibt es ein modernes Nebengebäude mit Hotelzimmern und ein spezielles Angebot für „Fellnasen im Pharisäerhof": Die Zimmer sind hundefreundlich ausgestattet und auf dem riesengroßen Grundstück sind 6000 Quadratmeter eingezäunt als Hundefreilauf.

Info

Lage: Die Halbinsel Nordstrand ist die südlichste der nordfriesischen Inseln, liegt auf der Höhe der Kreisstadt Husum und ist über einen befahrbaren Damm mit dem Festland verbunden.

Websites:

- *nordstrand.de*
- *lammfleisch.de*
- *hardenhof.de*
- *engelmühle.de*
- *nordstrander-toepferei.de*
- *pharisaeerhof.de*

HINWEISE:

- Die Neue Pellwormer Dampfschiffahrts GmbH (NPDG) unterhält eine Fährverbindung zwischen dem Nordstrander Hafen Strucklahnungshörn und der Insel Pellworm.
- Badestellen gibt es im Norden am Holmer Siel und im Westen in Fuhlehörn, hier gibt es jeweils auch Strandkörbe.
- Wer den Hardenhof besuchen möchte, sollte am besten vorher anrufen unter Tel. 0151 51257827.

7 Helgoland

UNTERWEGS IM UNTERLAND

Seit Ende 2022 bietet das neue Bunker-Museum im Helgoländer Unterland die Gelegenheit, sich eine bis dato verborgene Welt aus dem Zweiten Weltkrieg anzuschauen. Aber auch überirdisch lohnt sich ein Besuch auf Deutschlands einziger Hochseeinsel und seinen roten Felsen.

Ohne Führung zu besichtigen

Ganze 450 Meter verläuft die unterirdische Tour durch Helgolands Unterwelt. Mit einer strategisch wichtigen Lage – 67 Kilometer vor der Insel Sylt –, fiel Helgoland in beiden Weltkriegen eine besondere Rolle zu. Die Insel mit ihren roten Klippen und Felsen mutierte zu einer wahren Festung mit einem weitverzweigten Bunkersystem.

Seit einigen Jahren schon lassen sich die Zivilschutzbunker im Helgoländer Oberland besichtigen, was aber nur über eine Führung möglich ist. Das wiederum ist für Tagesgäste zeitlich aber kaum machbar. Im tiefergelegenen Teil der Insel, dem Unterland, ist nun auch das Bunkersystem zugänglich – und zwar eigenständig, die Teilnahme an einer Führung ist hier also keine Voraussetzung. Auf vielen Infotafeln lässt sich nachlesen, wie der Bombenkrieg 1945 die Insel erreicht hat. Hunderte Menschen, die damals auf der Insel gelebt haben, mussten in diesen Bunkern ausharren.

Zuflucht vor dem Bombenkrieg

Nach diesem ungewöhnlichen Einblick in die Inselhistorie empfiehlt sich eine Wanderung auf dem Rundweg an den Klippen, der etwa drei Kilometer lang ist und einen schönen Blick auf die Nordsee und die 47 Meter hohe „Lange Anna" erlaubt, dem roten Felsenwahrzeichen von Helgoland. Die besondere Lage der Insel, die zolltechnisch im Ausland liegt und damit nicht dem EU-Steuerrecht unterliegt, bringt einen kräftigen Preisvorteil bei edlen Spirituosen, Markenkleidung oder Schmuck.

Historische Häuser sucht man hier vergebens, dafür ist die Naturerfahrung umso intensiver. Der Lummenfelsen ist ein kleiner Küstenabschnitt mit der größten Brutvogeldichte Deutschlands. Es ist einfach faszinierend, die dicht an dicht sitzenden grauen,

Lummenfelsen auf Helgoland

weißen oder weiß-schwarzen Vögel auf dem roten Felsen zu beobachten. Ein besonderes Spektakel ist der „Lummensprung", wenn unbeholfene Jungvögel in großer Zahl vom Felsen ins Meer springen.

Zu Helgoland gehört neben der Hauptinsel noch die „Düne", eine kleine Nebeninsel, die mit Sand bedeckt ist. Hier gibt es großartige Strände und Bademöglichkeiten. Eine kleine Fähre erlaubt das Hin- und Herpendeln zwischen den beiden Inseln.

Helgoland macht aber auch in Sachen Energiewende Schlagzeilen, denn nördlich der Insel ist im Januar 2023 der größte Offshore-Windpark vor Schleswig-Holsteins Westküste ans Netz gegangen. Unter dem Namen „Kaskasi" produziert der Windpark mit 38 Anlagen 342 Megawatt – genug Strom für 400.000 Haushalte. Eine Windkraftanlage ist 191 Meter hoch und verfügt über 81 Meter lange Flügel, die sich sogar recyceln lassen.

Info

Lage: Helgoland bildet den nordwestlichen Endpunkt der Helgoländer Bucht in der Nordsee. Die Insel liegt 70 Kilometer nordöstlich von Norderney und 47 Kilometer von Eiderstedt an der Schleswig-Holsteinischen Westküste entfernt.

Websites:

- *helgoland.de*
- *museum-helgoland.de*

HINWEISE: Das Ankommen in Helgoland kann etwas wackelig sein, denn nach wie vor gibt es die Tradition der „Börteboote". Das heißt, vom Dampfer muss man umsteigen in ein Boot, in dem das letzte Stück zurückgelegt wird. Wer diese Tradition umgehen will, kann die Seereise in einem schnellen Katamaran zurücklegen, der direkt am Südhafen anlegen kann. Von Cuxhaven gibt es sogar die Möglichkeit, nach Helgoland zu fliegen.

Nördliches Nordfriesland

Hafen Schlüttsiel

Nördliches Nordfriesland

8. Nordseeküsten-Radweg: unterwegs auf dem längsten Radweg der Welt
9. Hülltoft Tief: baden in Noldes Lieblingssee
10. Süderlügumer Binnendünen: sandiges Paradies am Waldrand
11. Dagebüll: das Fenster zur Nordsee
12. Siel 59: der beste Nordseeausblick in Schlüttsiel
13. Hauke-Haien-Koog: Vogelschutzgebiet hinterm Deich
14. Rio-Reiser-Haus: übernachten beim König von Deutschland

REGION SÜDDÄNEMARK
Emmerlev
Abild
Østerby
Højer
Store Emmerske
Terkelsbøl
Møgeltønder
Bylderup-Bov
HVIRLÅ
Jejsing
Tønder
Tinglev
Nørremølle
GRØNÅ
Burkal
Sæd
Kravlund
8
9
10
Lydersholm
SØNDERÅ
Lille Jyndevad
Rosenkranz
Neukirchen
Süderlügum
Ladelund
Emmelsbüll-Horsbüll
Medelby
Klixbüll
14
Niebüll
Galmsbüll
Leck
Risum-Lindholm
Schafflund
11
Hörup
Fresenhagen
SCHLESWIG-HOLSTEIN
Enge-Sande
Dagebüll
12
13
Süder-Waygaard
SOHOLMER AU
LINNAU
Lindewitt
Olandwarft
Schlüttsiel
Högel
Joldelund
Knudtswarft
Bredstedt
PELLWORM
Viöl
8
Hattstedt
Wester-Ohrstedt
Tilli
Nordstrand
Husum
Mildstedt
Simonsberg
Uelvesbüll

8 Nordseeküsten-Radweg

UNTERWEGS AUF DEM LÄNGSTEN RADWEG DER WELT

Der längste ausgeschilderte Fernradweg der Welt verspricht eine abwechslungsreiche Nordsee-Kulisse zwischen der dänischen Grenze und der Hansestadt Hamburg. Auf gut 350 Kilometern verläuft die Route vorbei an Deichen, Leuchttürmen und kleinen Hafenstädten.

Grenzkrug in Rosenkranz

„Rosenkranz" lautet der malerische Name eines kleinen Dorfes, das nicht *an* der deutsch-dänischen Grenze liegt, sondern *auf* der Grenze. Rosenkranz gehört also gleichermaßen zu Deutschland wie zum Königreich Dänemark. Mittendrin liegt das Gasthaus „Alter Deutscher Grenzkrug", ein uriges reetgedecktes Gebäude, das den perfekten Startpunkt bildet für eine ausgedehnte Radtour. Schließlich startet hier der Schleswig-Holsteinische Teil des Nordseeküsten-Radwegs (North Sea Cycle Route).

Dieser erstreckt sich über 7050 Kilometer durch acht Länder und ist damit der längste ausgeschilderte Radweg der Welt. Die gesamte Route erstreckt sich von Frankreich, Belgien und den Niederlanden über Deutschland weiter nach Dänemark, Schweden, Norwegen und Großbritannien – immer entlang der Nordseeküste.

Radweg bei Schlüttsiel

Von der Gesamtstrecke entfallen 354 Kilometer auf die Schleswig-Holsteinische Nordseeküste von Rosenkranz im Norden bis hinunter nach Hamburg. Natürlich lohnen sich auch einzelne Etappen. Praktisch ist, dass die Route immer wieder Ortschaften streift, die über einen Bahnhof verfügen. Es wäre zum Beispiel möglich, mit dem Zug nach Niebüll zu fahren und von dort aus an die dänische Grenze zu radeln oder in die andere Richtung nach Dagebüll-Hafen, direkt an der Küstenlinie. Auf jeden Fall bietet dieser Fernradweg malerische Landschaft- und Nordsee-Ansichten inklusive sehenswerter Dörfer und Städte wie St. Peter-Ording, Büsum, Meldorf, Brunsbüttel und Glückstadt.

Der Nordsee-Küstenradweg führt in dieser Region größtenteils über asphaltierte Wege entlang der Deiche, auf Radwegen, Nebenstraßen und kleinen Landstraßen. Dabei gibt es kaum Höhenunterschiede, es fährt sich also wirklich sehr entspannt und ist somit auch für Kinder gut geeignet. Außerdem ist der Nordseeküsten-Radweg durchgehend ausgeschildert. Welche Fahrtrichtung sich auf den einzelnen Etappen anbietet, hängt natürlich auch vom Wind ab. Der weht meistens eher aus südwestlicher Richtung.

Info

Etappe 1 (40 Kilometer): Rosenkranz – Niebüll – Dagebüll:

- Nolde-Museum, Seebüll
- Hülltoft Tief (siehe Tipp 9)
- Gotteskoogsee
- Dagebüll (siehe Tipp 11)

Etappe 2 (60 Kilometer): Dagebüll – Nordstrand – Husum

- Siel 59, Schlüttsiel (siehe Tipp 12)
- Hauke-Haien-Koog (siehe Tipp 13)
- Galerie Lüth in Halebüll (siehe Tipp 20)
- Nordseeheilbad Nordstrand (siehe Tipp 6)
- Stormstadt Husum (siehe Tipp 21)

Etappe 3 (48 Kilometer): Husum – St. Peter-Ording

- Roter Haubarg, Witzwort (siehe Tipp 27)
- Herrenhaus Hoyerswort (siehe Tipp 28)
- Haus Peters, Tetenbüll (siehe Tipp 29)
- Hochdorfer Garten, Tetenbüll (siehe Tipp 30)

Etappe 4 (37 Kilometer): St. Peter-Ording – Büsum

- Westküstenpark & Robbarium (siehe Tipp 31)
- Vollerwiek (siehe Tipp 32)
- Katinger Watt (siehe Tipp 33)
- Hebbelstadt Wesselburen (siehe Tipp 36)
- Familienlagune Perlebucht (siehe Tipp 37)

Etappe 5 (88 Kilometer): Büsum – Brunsbüttel – Glückstadt

- Meldorf (siehe Tipp 42)
- Brunsbüttel (siehe Tipp 43)
- Wilstermarsch (siehe Tipp 44)
- Glückstadt (siehe Tipp 46)

Etappe 6 (81 Kilometer): Glückstadt – Elmshorn – Hamburg

- Fliesenmanufaktur, Seestermühe (siehe Tipp 49)
- Zur Erholung, Uetersen (siehe Tipp 50)

Websites:

- *de.eurovelo.com/ev12*
- *alter-deutscher-grenzkrug.de*

9 Hülltoft Tief

BADEN IN NOLDES LIEBLINGSSEE

Das Hülltoft Tief ist „der kleine, vor unseren Fenstern liegende See", wie der Maler Emil Nolde es ausgedrückt hat. Das Museum, das Werke des berühmten Expressionisten ausstellt, befindet sich in unmittelbarer Nachbarschaft. Nolde nutzte den kleinen Badesee auch gern als Motiv für seine Gemälde und steuerte sein kleines Fischerboot über das Binnengewässer, das von vielen kleinen Zuläufen und Quellen gespeist wird. Oft war seine Frau Ada mit von der Partie: „Wir mochten so sehr gern in unserem kleinen Boot – es war ein ganz gewöhnliches schwarzgeteertes Fischerboot – umhergondeln, vom Wind geschaukelt und beim Fischen hantierend, wie es sich dabei so gibt. Alle Tage lagen wir, öfters zweimal, draußen auf dem Wasser, meine Ada und ich und der Hund, oft auch war noch ein kleiner Besuch mit dabei." Ein Nachbau von Noldes Fischerboot ist auf dem Gelände der Nolde-Stiftung ausgestellt.

Wer das Nolde-Museum besucht hat und sich noch etwas abkühlen möchte, sollte einen der schönsten Badestellen Nordfrieslands besuchen. Im Sommer gibt es mit dem Skandaløs-Festival obendrein noch ein Kulturevent unter freiem Himmel.

Die Badestelle Hülltoft Tief hat eine Flachwasserzone mit Sandbucht und Holzbänken sowie Plätzen für Lagerfeuer. In der Mitte des Sees ist ein Ponton verankert als Ruhepol. Ansonsten gibt es Umkleideräume und öffentliche Toiletten, auch Paddeln und Kanufahren ist hier erlaubt. Dieser Badesee eignet sich gerade auch für Kinder.

Kindgerechter Badesee

Wer seinen Urlaub im Sommer an der Nordsee verbringt, hat gute Chancen, das Skandaløs-Festival zu erleben, das alle zwei Jahre direkt am See stattfindet. Festivalgäste können auf einer benachbarten Wiese zelten und sich den kulturellen Angeboten hingeben – von Musik-Acts über experimentellem Theater bis hin zu Kunsthandwerk aus der Region. Unter Einheimischen genießt das Festival längst Kultstatus, es zieht Jahr für Jahr um die 4000 Gäste an.

Skandaløs-Festival

Info

Lage: Der Binnensee Hülltoft Tief (auch „Hülltofter Tief") bildet die Grenze zwischen den Gemeinden Aventoft und Neukirchen. Eine gute Orientierung bietet das Nolde-Museum in unmittelbarer Nähe.

Websites:

- *neukirchen-nordfriesland.de*
- *skandaloes-festival.de*
- *nolde-stiftung.de*

HINWEIS: Das nächste Skandaløs-Festival ist für den Sommer 2024 geplant.

10 Süderlügumer Binnendünen

SANDIGES PARADIES AM WALDRAND

Dünen- und Heidelandschaft wie auf Sylt? Das gibt es auch auf dem Festland, nämlich ganz in der Nähe von Süderlügum, einem kleinen Ort kurz vor der Grenze zu Dänemark. Die „Süderlügumer Binnendünen" liegen 20 Kilometer von der Küste entfernt und sind somit ein sehr untypischer Vertreter dieses Landschaftstyps.

Durch die Binnendünen zieht sich ein Wanderweg

Mitten auf dem Festland „Strandhafer" vorzufinden, ist schon ein wenig kurios. Aber am Rande des Süderlügumer Forst gibt es tatsächlich Sanddünen. Der Strandhafer dient dabei zur Befestigung, aber so ganz lassen sich Dünen eben nicht bändigen. Einen Spaziergang ist dieses gut 41 Hektar große Naturschutzgebiet allemal wert. Neben den Dünen findet sich hier auch noch ein wenig Heidelandschaft. In der Kombination sieht es genauso aus wie das Binnenland von der Insel Sylt.

Durch die Binnendünen-Landschaft führt ein Dünenlehrpfad, es ist also möglich, sich hier zu bewegen, ohne die Pflanzen zu schädigen. Und davon gibt es einige, auf die man sonst nicht so schnell trifft: Von Borstgras über die Sand-Segge bis hin zum Berg-Sandglöckchen sowie Ginster und Thymian sind hier einige besondere Arten vertreten.

Pflanzenvielfalt inklusive

Überhaupt sind Binnendünen besondere und schützenswerte Biotope, auch für die Tierwelt. Es gibt hier Heuschrecken, Libellen und einige Schmetterlingsarten sowie Sandbienen. Auch bedrohte Tierarten wie die Feldlerche oder die Knoblauchkröte finden hier ein sicheres Zuhause. Entstanden sind die Binnendünen während der letzten Eiszeit vor zehntausend Jahren. Das größte Dünengebiet bei Süderlügum erstreckt sich auf einer Fläche von fünf mal drei Kilometern. Daneben gibt es noch zwei kleinere Flächen.

Schöne Wanderungen bietet auch der angrenzende Wald, der richtig urig aussieht, denn der Waldboden soll in einem naturnahen Zustand gehalten werden. Das heißt, hier liegt viel Totholz herum, was aber wichtig ist für einen gesunden Wald.

Biotop für Libellen

Wald hinter den Binnendünen

Info

Lage: Die Süderlügumer Binnendünen liegen östlich von Süderlügum, einer kleinen Gemeinde an der Bundesstraße 5, vier Kilometer vor der Grenze zu Dänemark: Zur Heide 46, 25923 Süderlügum

Websites:

- *suederluegum.de*
- *nkm-niebuell.de/binnendunen*

HINWEIS: Das Naturkundemuseum Niebüll veranstaltet Führungen durch die Süderlügumer Binnendünen.

11 Dagebüll

DAS FENSTER ZUR NORDSEE

Baden, Sonne tanken, im Leuchtturm übernachten oder mit der Fähre einen Inselausflug machen – Dagebüll macht es möglich. Der kleine Küstenort gilt völlig zu Recht als das „Fenster zur Nordsee". Klassiker sind hier auch die bunten Badebuden am grünen Strand und der Loren-Bahnhof.

Dagebüll ist reich an Reetdachhäusern

Dieser Ort hat einige aufreibende Bauphasen hinter sich. 2018 ist bei Dagebüll der Außendeich erhöht worden und ansonsten kommen immer wieder neue Ferienhäuser hinzu. Die Gemeinde mit dem bekannten Fährhafen möchte offenbar nicht nur als Durchgangsstation für Inselgäste dienen, sondern selbst stärker vom Tourismus profitieren.

Tatsächlich stellt der kleine Ort den optimalen Ausgangspunkt für einen Nordseeurlaub dar. Es gibt eine kleine Ladenzeile mit Restaurants und Cafés, außerdem ist Dagebüll perfekt angebunden. Eine kleine Bahnstrecke führt nach Niebüll, eine Stadt, die an der Bahnstrecke Hamburg-Westerland liegt. Außerdem starten gleich zwei Reedereien vom Dagebüller Hafen aus zu den Inseln und Halligen. Hinzu kommt eine kleine Lorenbahn, die die Halligen Oland und Langeneß mit dem Festland verbindet. Wer auf diesen Halligen lebt, darf mit einer privaten Lore, also einem kleinen Schienengefährt, hin- und herfahren. Auswärtige kommen nur in den Genuss einer Lorenüberfahrt, wenn sie eine Ferienunterkunft gebucht haben. Aber keine Sorge, Gäste werden abgeholt, sie müssen nicht selbst fahren.

Strandhotel

Zu den traditionelleren, aber nicht minder sehenswerten Ausflugszielen gehört das Strandhotel der Familie Jannsen. Es befindet sich direkt am Deich und erlaubt vom Restaurant und Café aus einen schönen Blick auf die Nordsee. Die Küche ist klassisch norddeutsch mit Krabben und Seezunge „Sylter Art". Auch aus einigen Hotelzimmer lässt sich das Meer beobachten.

Für Fans von etwas ausgefalleneren Unterkünften hat Dagebüll auch etwas zu bieten, nämlich einen kleinen, 15 Meter hohen Leuchtturm, nur wenige hundert Meter vom Hafen entfernt. Im Inneren befinden sich drei Wohnebenen, die sehr edel ausge-

Leuchtturm Dagebüll

stattet sind. Es gibt hier einen Whirlpool und eine Minibar mit Wein und Champagner. Das Frühstück wird auf Wunsch auf die erste Treppenstufe geliefert – es ist in etwa so, als wäre man der einzige Gast in einem Hotel.

Leuchtturm-Frühstück

Etwas schlichter, aber umso stilprägender für Dagebüll sind die Badebuden, die es in allen Regenbogenfarben gibt. Sie befinden sich wie an einer Perlenschnur aufgereiht direkt am grünen Strand. Da sie so knallbunt sind, sprechen Einheimische gern von der „Papageien-Allee". Die einfachen Holzhütten dürfen höchstens acht Quadratmeter groß sein und dienen im Grunde als Umkleidekabinen oder als kleines Küstenwohnzimmer. Manche sehen aus wie die Lauben in einer Schrebergartenkolonie. Insgesamt stehen hier 90 Badebuden, die sich in Privatbesitz befinden. Nur drei Exemplare können auch von Gästen gemietet werden, wie es bei Strandkörben üblich ist. Die Buden stehen von April bis September an der Küste, dazwischen geht es ins Winterlager. Die Tradition ist etwa 100 Jahre alt, die Badebuden gehören also längst zum Dagebüller Kulturgut.

Info

Lage: Dagebüll Hafen liegt im nördlichen Nordfriesland direkt an der Küste auf der Höhe der Insel Föhr.

Websites:

- *gemeinde-dagebuell.de*
- *leuchtturm-dagebuell.de*
- *strandhotel-dagebuell.de*

HINWEIS: Vom Dagebüller Hafen aus starten Fährverbindungen zu den Inseln Föhr (Wyk) und Amrum (Wittdün) sowie zu einigen Halligen; *faehre.de* und *adler-schiffe.de*

12 Siel 59

DER BESTE NORDSEEAUSBLICK IN SCHLÜTTSIEL

Direkt am Hafen guckt das Hotelrestaurant Siel 59 über den Deich und bietet einen perfekten Ausblick auf die Nordsee. Schlüttsiel ist im Grunde nur ein Fährhafen und ein guter Ausgangspunkt für Spaziergänge an der Küste. Siel 59 bietet heimische Küche und eine der ungewöhnlichsten Übernachtungsmöglichkeiten.

Hafen Schlüttsiel

„Willkommen am Siel Ihrer Träume", witzelt das Restaurant gleich im Eingangsbereich in Anspielung auf den Namen Siel 59. Der wiederum bezieht sich auf den Bau der Schleuse im Jahr 1959. Dank ihr steht das Wasser hier hoch genug, um einen Fährhafen betreiben zu können. Viel mehr verbirgt sich nicht hinter dem Ort Schlüttsiel, der zur Gemeinde Ockholm gehört und auf einem schmalen Landstreifen zwischen der Nordsee und den Speicherbecken vom Hauke-Haien-Koog liegt.

Direkt hinter dem Deich steht ein eher schmuckloser Flachdachbau, der sich ab der zweiten Etage über den Küstenschutz erhebt. In dieser Restaurantetage vom Siel 59 können Gäste also bequem über den Deich auf die Nordsee blicken. Der „Hafen für die Halligwelt" ist hier gut zu sehen mit dem Terminal, über das Autos auf Fähren gelangen – ansonsten: freie Sicht übers Meer. In der Ferne sind bei gutem Wetter die Halligen Oland, Langeneß und Gröde als flache Landstreifen zu sehen.

Das geschieht alles durch große Panoramafenster, die über die gesamte Gebäudelänge einen freien Blick erlauben. Das Hotelrestaurant, das es in dieser Form seit 2019 gibt, hat eine bewegte Geschichte hinter sich inklusive zwei Jahren Leerstand. Gebaut wurde das einstige „Fährhaus Schlüttsiel" 1968 und war immer ein beliebtes Ausflugsziel. Der jetzige Eigentümer Carsten Hansen, ein junger Koch aus dem Nachbarkreis Schleswig-Flensburg, hat dem Fährhaus wieder neues Leben eingehaucht.

Die Inneneinrichtung kommt nun recht stylish daher mit vielen Blautönen und maritimen Elementen. Manche Sitze sind mit Schaffellen gepolstert und im Hintergrund läuft der Song „Lonesome Lover" von Jazz-Sänger Gregory Porter. „Ich möchte den Menschen aus der Region und den Urlaubern am schönsten Ort in Schlüttsiel mit Blick über den Deich wieder eine schöne Möglichkeit zur Einkehr schaffen", verriet Carsten Hansen den Husumer Nachrichten kurz vor der Eröffnung. Das ist ihm sicherlich gelungen. Auch die Küche kann sich sehen lassen: Unter dem Motto „Lecker am Deich" gibt es hier eine Auswahl von Fisch-, Wild- und Lammgerichten sowie Burger mit Beef vom japanischen Wagyu-Rind aus Nordfriesland. Vegetarier dürfen sich mit

Nordseeblick inklusive im Siel 59

Übernachten am Deich

der „Veggie Surprise" überraschen lassen. Bei den Vorspeisen spiet auch der Queller eine Rolle, gesundes Meeresgrün, das im Wattenmeer wächst.

Es ist auch möglich, hier zu übernachten. Ganze elf Zimmer hält das Siel 59 bereit, allesamt mit Holzboden und Lederstühlen. Die Schreibtischunterlage wird von dicken Tauen gehalten – auch hier wird maritimer Charme versprüht. Weiterhin steht den Hotelgästen eine kleine Sauna zur Verfügung. Übrigens musste der neue Besitzer eine amtliche Auflage erfüllen, nämlich die Tradition fortsetzen, ein offizielles Trauzimmer zur Verfügung zu stellen. Aber auch wer hier nicht seine Hochzeitsnacht verbringt, sondern einen ganz normalen Urlaub, kann ein Schild an die Zimmertür hängen, um nicht zu früh geweckt zu werden: „Abgetaucht. Bitte nicht stören."

Info

Lage: Siel 59 liegt direkt am Hafen Schlüttsiel, der sich etwa 15 Kilometer südwestlich von Niebüll befindet: Schlüttsiel 1, 25842 Ockholm

Website: *siel59.de*

HINWEISE:

- Vom Hafen Schlüttsiel aus starten Fähren von der Wyker Dampfschiffs-Reederei (W.D.R.) zu den Halligen Hooge und Langeneß.
- Auch die Badestelle Schlüttsiel ist empfehlenswert, da die Nordsee hier sehr ruhig ist
- Frische Krabben direkt vom Kutter bietet der Fischer Niels Friedrichsen auf seiner „SU 16 Jonas", die hier ihren Liegeplatz hat.

13 Hauke-Haien-Koog

VOGELSCHUTZGEBIET HINTERM DEICH

Sie trägt den schlichten Namen „L191“, ist aber wohl eine der malerischsten Straßen Schleswig-Holsteins. Wer hier mit dem Auto oder dem Fahrrad von Ockholm einbiegt, blickt links auf den Außendeich an der Nordsee und rechts auf die Speicherbecken und die grüne Marschlandschaft. Immer wieder gibt es Parkbuchten und die Möglichkeit, auf den Deich zu gehen und über die Nordsee zu blicken.

Es gehört zu den schönsten Küstenabschnitten der Nordsee: Das europäische Vogelschutzgebiet Hauke-Haien-Koog besteht größtenteils aus zwei Süßwasserspeicherbecken, die sich zu einem kleinen Naturparadies für Zugvögel entwickelt haben. Tausende Gänse und viele andere Vogelarten rasten hier und bieten in ihrer Masse einen majestätischen Anblick.

Auf der anderen Straßenseite hat der „Verein Jordsand zum Schutz der Seevögel und der Natur e. V.“ eine Beobachtungshütte aufgestellt. Diese bietet beim „Birdwatching“, also dem Vogelbeobachten, ein Dach über dem Kopf und die Möglichkeit, sich zu verstecken. Die Vogelwelt lässt sich durch einen breiten Sehschlitz im Auge behalten – ideal zum Fotografieren.

Der Hauke-Haien-Koog grenzt im Süden an Ockholm, im Westen an Schlüttsiel und im Norden an Fahretoft. Der Name gründet sich auf den Deichgrafen Hauke Haien in Theodor Storms Novelle „Der Schimmelreiter“. Entstanden ist der Koog

Vogelparadies im Speicherbecken

zwischen 1958 und 1960 durch Eindeichung, wobei die Landgewinnung erstmals nicht in erster Linie landwirtschaftlich oder für neue Ortschaften genutzt werden sollte. Vielmehr ging es darum, mit dem Anlegen der Süßwasserspeicherbecken eine Art Sicherheits-Ventil zu haben, damit bei Regen nicht das Marschland überschwemmt wird.

Inzwischen ist der 1200 Hektar große Koog ein wahres Paradies für Vogelkundler. Neben Gänsen finden sich hier Enten, Strandläufer, Austernfischer, Seeschwalben und Sandregenpfeifer. Der Verein Jordsand veranstaltet regelmäßig Führungen unter verschiedenen Aspekten, etwa „Aus dem Leben der Gänse" oder „Speisekammer Wattenmeer". Daneben bietet auch Anna Miesner als zertifizierter „Birdwatching Guide" vogelkundliche Führungen an.

Info

Lage: Infozentrum Hauke-Haien-Koog, Schlüttsiel 2, 25842 Ockholm (direkt neben dem Restaurant Siel 59)

Websites:

- *jordsand.de/hauke-haien-koog*
- *wattenvogel.de*

HINWEIS: Auf der Peterswarft wurden Teile des Films „Der Schimmelreiter" (1978) gedreht mit John Philip Law und Gert Fröbe in den Hauptrollen.

14 Rio-Reiser-Haus

ÜBERNACHTEN BEIM KÖNIG VON DEUTSCHLAND

Fresenhagen ist ein kleiner Flecken in Nordfriesland, wo die Kultband „Ton Steine Scherben“ ab Mitte der 1970er-Jahre ihre Zelte aufgeschlagen hatte. Für gut zwanzig Jahre verwandelten die Musiker um Sänger Rio Reiser einen ehemaligen Bauernhof in die „Freie Republik Fresenhagen“. Inzwischen befinden sich in dem denkmalgeschützten Haus Ferienwohnungen in idyllischer Lage.

„Freie Republik Fresenhagen"

Für Rio-Reiser-Fans ist es eine wahre Freude, über das weitläufige Gelände zu laufen und die Möglichkeit zu haben, im Haus ihres Idols zu wohnen. Passenderweise heißen die drei Ferienwohnungen „Junimond", „Zauberland" und „Herzverloren" – allesamt Songtitel von Rio Reiser.

Der gebürtige Berliner gehörte 1970 zu den Gründungsmitgliedern der West-Berliner Band „Ton Steine Scherben". Rio Reiser war nicht nur Sänger der Band, sondern schrieb auch die meisten Songtexte. So auch „Macht kaputt, was euch kaputt macht" – ein Song, der sich schnell zur Hymne der Hausbesetzerszene entwickelte.

Rio Reiser

1975 kaufte die Band den Bauernhof in Fresenhagen, einem Ortsteil der Gemeinde Stadum am östlichen Rand von Nordfriesland. Hierhin floh die Band aus West-Berlin, um sich in Ruhe neuen

Urlaub machen, wo einst „die Scherben" hausten

Songs zu widmen. Nach Auflösung der Band 1985 behielt Rio Reiser das großzügige Anwesen, das „die Scherben" noch „Freie Republik Fresenhagen" getauft hatten. In der Scheune hinter dem über 250 Jahre alten Wohnhaus entstand beispielsweise der Reiser-Hit „Junimond" von 1986. Hier fanden auch Proben und kleine Konzerte statt.

Nach dem Tod von Rio Reiser 1996, der hier auch bis 2011 begraben war, diente das Haus eine Weile als Rio-Reiser-Museum und als Heim für schwer erziehbare Jugendliche, bis es schließlich an neue Besitzer überging, die das Rio-Reiser-Haus sanierten und hier drei Ferienwohnungen eingerichtet haben. Rio Reiser, dessen größter Hit „König von Deutschland" bald zum Beinamen des Künstlers avancierte, wurde schließlich auf den Alten St.-Matthäus-Kirchhof in seine Heimatstadt Berlin umgebettet. 2022 ehrte ihn die Stadt mit der Umbenennung des Heinrichplatzes in Kreuzberg in Rio-Reiser-Platz.

Dass er sich in genau diese Ecke von Nordfriesland verliebt hat, ist absolut nachvollziehbar. Die Gemeinde Stadum liegt am Langenberger Forst, dem mit 1000 Hektar größten Waldgebiet in diesem Landkreis. Hier gibt es idyllische Wanderwege, darunter den historischen Ochsenweg, und mit der Rantzauhöhe die dritthöchste Erhebung in Nordfriesland mit 45 Metern. Ein Ausflugstipp ist auf jeden Fall das Dammwildgehege, das frei zugänglich ist. Ganz in der Nähe befindet sich zudem ein Golfplatz (Hof Berg).

Wer sich im reetgedeckten Rio-Reiser-Haus einquartiert, findet abgeschiedene Ruhe mitten in der Natur und hat einen guten Startpunkt, um das nördliche Schleswig-Holstein zu erkunden. Zur Nordseeküste sind es etwa 25 Kilometer und Flensburg an der Ostseeküste ist auch nur gut 30 Kilometer entfernt. Das gigantische Grundstück des Rio-Reiser-Hauses bietet viel Platz zum Ausspannen und Grillen. Die ebenerdigen Ferienwohnungen haben jeweils eine Terrasse und einen traumhaften Ausblick in die Natur. Hier wäre auf jeden Fall ein guter Platz und eine gute Gelegenheit, um zu überlegen, was man machen würde, „wenn ich König von Deutschland wär".

Wohnen im „Junimond"

Lage: Fresenhagen gehört zur Gemeinde Stadum, etwa 16 Kilometer südöstlich von Niebüll an der Bundesstraße 199: Fresenhagen 11, 25917 Stadum

Info

Websites:

- *nordsee-fewos.de*
- *rioreiser.de*

Mittleres Nordfriesland

Badekuhle in Langenhorn

Mittleres Nordfriesland

15. Paulsendorf Langenhorn: Seemannsteller, Orgelkonzerte und ein berühmter Pädagoge
16. Bordelumer und Langenhorner Heide: wandern beim Naturerlebnisraum Stollberg
17. Norditeran: urbane Cross-over-Küche in Bordelum
18. Nordfriisk Futuur: friesische Kultur, Geschichte und Sprache
19. Beltringharder Koog: Badestelle mit neuer Aussichtsplattform
20. Galerie Lüth in Halebüll: große Kunst in kleiner Fischerkate
21. Stormstadt Husum: Ebbe und Flut mitten in der Stadt erleben
22. Dockkoogspitze: Baden in der Husumer Bucht
23. Backensholzer Hof: Käserei mit lokaler Kochkultur
24. Wildes Moor bei Schwabstedt: wandern im Vogelparadies
25. Lundenbergsand: Badestelle mit Wellnesshotel
26. Friedrichstadt: Klein-Amsterdam zwischen Eider und Treene

Klixbüll
Achtrup
Harrislee
Niebüll
Risum-Lindholm
LECKER AU
Wallsbüll
Handewitt
Hörup
Schafflund
Dagebüll
Enge-Sande
SOHOLMER AU
LINNAU
Großenwiehe
Süder-Waygaard
Wanderup
15
Langenhorn
16
17
Högel
Joldelund
Knudtswarft
Bordelum
18
Eggebek
Jörl
Bredstedt
Viöl
19
Beltringharder Koog
SALZWASSERLAGUNE
20
Oster-Ohrstedt
23
TREENE
Schobüll
22
21
Wester-Ohrstedt
Nordstrand
25
Wittbek
Husum
Mildstedt
Hollingstedt
Simonsberg
Uelvesbüll
24
Börm
26
Schwabstedt
Seeth
Bergenhusen
Friedrichstadt
Dahrenwurth
EIDER
Tönning
Schlichting
Erfde
Katingsiel
Zennhusen
BROKLANDSAU
Wittenwurth

15 Paulsendorf Langenhorn

SEEMANNSTELLER, ORGELKONZERTE UND EIN BERÜHMTER PÄDAGOGE

Dieses Dorf wird leicht übersehen, obwohl es mit sechseinhalb Kilometern recht lang ist. Der anerkannte Erholungsort hat den berühmten Pädagogen Friedrich Paulsen hervorgebracht und punktet kulturell durch den überregional bekannten „Langenhorner Orgelsommer“. Auch kulinarisch lohnt sich ein Abstecher in die nordfriesische Gemeinde.

„Bildung ist eine Sache der Freiheit, nicht des Zwangs." Dieser Satz klingt aus heutiger Sicht geradezu selbstverständlich. In einem autoritären Schulsystem im Deutschen Kaiserreich war so eine Ansicht allerdings eine echte Revolution. Das Zitat stammt von Friedrich Paulsen, der 1846 in Langenhorn zur Welt gekommen ist. Sein Lebensweg ist nicht nur für das kleine nordfriesische Dorf beispiellos.

Paulsen-Büste

Als Kind einer armen Kleinbauernfamilie schaffte er mithilfe des örtlichen Pastors das Abitur und studierte Theologie und Philosophie. Später war er Professor für Philosophie und Pädagogik (letzteres war damals ein Novum) an der Berliner

Friedrich-Paulsen-Platz

Humboldt-Universität und gilt als einer der bekanntesten Gelehrten seiner Zeit. Friedrich Paulsen war Verfechter der Reformpädagogik und hat das moderne Gymnasium maßgeblich geprägt, in dem die Naturwissenschaften und modernen Sprachen den alten Sprachen gleichberechtigt gegenüberstehen. Kurzum, er war „der Bildungsreformer unter Rohrstock-Verfechtern", wie der Historiker Thomas Steensen ihn einmal tituliert hat.

Friedrich Paulsen starb 1908 in Berlin und ist tragischerweise im Ausland bekannter als hierzulande. Seine Lebenserinnerungen sind 1938 sogar in New York erschienen, auch viele seiner wissenschaftlichen Werke fanden internationale Beachtung. Sowohl in Berlin als auch in Langenhorn stehen Büsten von ihm. Sein Geburtsort hat den Marktplatz in Friedrich-Paulsen-Platz umge-

Alte Schmiede in West-Langenhorn

tauft und dort 2012 die Büste mit ein paar zentralen Infos zu seinem Leben aufgestellt. Auch das Geburts- und Elternhaus (Dorfstraße 146) ist noch erhalten.

Eingangstor zum Kirchhof

Was die Gemeinde Langenhorn noch auszeichnet, sind ihre Orgelkonzerte, die von Juni bis August in der St.-Laurentius-Kirche stattfinden. Dieser „Langenhorner Orgelsommer" gehört zu den kulturellen Highlights der Region. Hier spielen Organistinnen und Organisten aus der ganzen Welt auf einer großen Barockorgel, die in den 1980er-Jahren für eine Viertelmillion Euro restauriert werden konnte. Diese Initiative geht auf den einstigen Lokalpoli-

Langenhorner Kirche mit Orgelkonzerten

Restaurant Westermöhl

tiker Christian Sönksen (1935–2021) zurück, der sich mit dem Orgelbauverein maßgeblich für die Rettung der Orgel eingesetzt hat.

Langenhorn ist aber auch einen Abstecher wert, wenn es um gutes Essen geht. Baulich sehr hübsch ist das „Restaurant Westermöhl" (Holmweg 93), das sich in einer alten Mühle befindet. Hier lässt es sich vorzüglich im Obergeschoss speisen, die Küche bietet sehr gute Fischgerichte. Mit dem „Seemannsteller" kann man nichts falsch machen, außerdem gibt es einen Schimmelreiter-Schnaps dazu.

Zu einer regionalen Berühmtheit hat es auch das italienische Restaurant „Alla Stazione" (Dorfstraße 28) gebracht. Dies befindet sich nicht im alten Bahnhofsgebäude, wie es gern fälschlicherweise behauptet wird, sondern direkt gegenüber der Bahnhaltestelle. Hier treffen sich tatsächlich alle Generationen. Es gibt eine klassische Gaststube und einen Loungebereich, was für ein 3300-Seelen-Ort recht modern aussieht. Von der Pizza bis zu den Riesengarnelen ist alles empfehlenswert. Aber am besten probieren Sie es mal selbst aus oder, um es mit Friedrich Paulsen zu sagen: „Der Mut, eigene Wege zu gehen, ist die Wurzel der Kraft."

Langenhorn ist umgeben von Rapsfeldern

Info

Lage: Die Gemeinde Langenhorn liegt an der B5 zwischen Niebüll und der Kreisstadt Husum. Der Ort ist auch sehr gut mit dem Zug erreichbar, denn er liegt an der Bahnstrecke Hamburg-Westerland/Sylt (Marschbahn).

Websites:

- *langenhorn.de*
- *orgelkonzerte-langenhorn.de*
- *westermoehl.de*
- *alla-stazione.eatbu.com*

HINWEISE:

- Der Zusatz „Paulsendorf" ist kein offizieller Titel, aber es stand tatsächlich zur Diskussion.
- Wer Langenhorn mit dem Auto über die B5 anfährt, sollte auf die Ortsschilder mit der Aufschrift „Mönkebüll" achten, einem der fünf Ortsteile von Langenhorn.

16 Bordelumer und Langenhorner Heide

WANDERN BEIM NATURERLEBNISRAUM STOLLBERG

Früher war hier die Fischzucht aktiv, inzwischen gehören die Fischereiteiche in der Heide zu einem Naturschutzgebiet. Der benachbarte Fernmeldeturm am Stollberg bietet mit seiner Aussichtsplattform zudem einen traumhaften Blick über Nordfriesland.

So bunt kann Nordfriesland sein: Wenn die Heide zwischen Langenhorn und Bordelum blüht, gibt es kein Entrinnen, alles strahlt in Rosarot. Das Farbspektakel startet jedes Jahr im August und erstreckt sich auf etwa 200 Hektar. Das „Naturschutzgebiet Bordelumer Heide und Langenhorner Heide mit Umgebung", wie es im Fachjargon heißt, hat sich zu einem kleinen Wanderparadies entwickelt. Gerade die ehemaligen Fischereiteiche sind schön anzuschauen und geben prima Instagram-Motive ab, wenn sich die Bäume und Pflanzen am Ufer im Wasser spiegeln.

Heide-Lehrpfad

Es handelt sich hierbei um eine so genannte „Feuchtheide", das heißt, das Grundwasser steht teilweise so hoch, dass einige Pflanzen im Wasser stehen. Aber keine Sorge, für diese Fälle gibt es hölzerne Bohlenwege zur Überbrückung. Folgerichtig wächst hier die auch aus Hochmooren bekannte Glockenheide. Ansonsten gibt es in der Bordelumer und Langenhorner Heide Beinbrech, Sonnentau, Lungenenzian, Torfmoose und die Schnabelsimse. Wer es genauer wissen will, kann dem Heidelehrpfad folgen und sich über die Infotafeln gründlich informieren. Das Naturschutzgebiet gehört zu den „Natura 2000-Gebieten" und ist damit Teil eines europäischen Netzes aus zusammenhängenden Schutzgebieten, um die einheimische Natur wieder aufzubauen.

Fernmeldeturm mit Aussichtsplattform

Für den perfekten Überblick sorgt der benachbarte Fernmeldeturm Bredstedt auf dem Stollberg. Mit einer Höhe von etwa 43 Metern mag die Bezeichnung „Berg“ etwas übertrieben wirken, aber für nordfriesische Verhältnisse ist das eben schon eine ganze Menge. Der 108 Meter hohe Turm selbst wäre nicht erwähnenswert, wenn er nicht über eine Aussichtsplattform auf einer Höhe von 20 Metern verfügen würde. Über eine von außen erreichbare Wendeltreppe lässt sich die Plattform über 112 Stufen erreichen. Der Ausblick entschädigt einen auf jeden Fall für die geleistete Anstrengung. Die Aussicht reicht bis zur Nordsee, die hier nur vier Kilometer entfernt ist.

Das Gelände um den Turm herum nennt sich „Naturerlebnisraum Stollberg" und grenzt direkt an die Heidelandschaft. Hier gibt es für Kinder und Erwachsene gleichermaßen Gelegenheit, Naturphänomene zu erfahren. Verschiedene Spiel- und Informationsstationen machen die Entstehung der Landschaft sowie ihre Kultur- und Siedlungsgeschichte erlebbar. Am Fuß des Turms steht etwa ein eisenzeitliches Kulissendorf, das zeigt, wie in der Zeit um 400 n. Chr. Menschen lebten und das Eisen gewonnen wurde. Tatsächlich befindet sich in diesem Teil Nordfrieslands nach wie vor das größte Raseneisenerz-Vorkommen Nordeuropas.

Aussicht bis zur Nordseeküste

Info

Lage: Das Naturschutzgebiet Bordelumer und Langenhorner Heide liegt an der B5 zwischen Langenhorn und Bredstedt. Beim Aussichtsturm Stollberg gibt es Parkmöglichkeiten.

Website: *amnf.de/tourismus-freizeit/naturerlebnisraum.html*

17 Norditeran

URBANE CROSS-OVER-KÜCHE IN BORDELUM

Dass es mal ein Restaurant aus dem kleinen Bordelum in den „Gault&Millau"-Restaurantguide schaffen würde, hätten wohl nicht mal die Gründer selbst gedacht: Das Norditeran hat es unter „die besten Restaurants 2022" geschafft und wurde mit einer von fünf Hauben bedacht. Dazu muss man wissen, dass diese Hauben („Toques") überhaupt nur innerhalb der hochwertigen Gastronomie vergeben werden. Also auch die Restaurants, die nur eine bekommen, haben es in eine höhere Liga geschafft.

Ein wenig Glanz wie im Berliner Edelrestaurant „Borchardt", verbunden mit nordfriesischer Bodenständigkeit: Diese Mischung bekommen Gäste im „Norditeran" serviert, einem Restaurant mit Bistro in Bordelum bei Bredstedt.

„Das nur wenige Kilometer von der nordfriesischen Nordseeküste entfernte Restaurant ist einerseits der mediterranen Küche zugewandt, daher der Name und Gerichte wie Garnelen mit Aioli oder Linguine in Trüffelrahm mit frischen Trüffeln und Parmesan sowie einer Pizza-Auswahl", heißt es in dem Restaurantführer, der seit mehr als 50 Jahren erscheint. „Den größten Platz auf der Karte nehmen aber Burger ein, die es in neun Varianten gibt, auch einer vegetarischen."

Die Räumlichkeiten sind zur Saison 2023 einmal frisch renoviert worden. In dem äußerlich eher unscheinbaren ehemaligen Schulgebäude befindet sich auch ein Bistro für das „alltägliche" Essen, das auch einen Mittagstisch bereithält – und auch schon sehr empfehlenswert ist. Eine kleine Besonderheit ist das „nooshi sushi" – „das Sushi für Nordfriesland". Wer dies bestellt, bekommt Maki und Nigiri, aber mit einem leichten Nordsee-Einschlag.

Mittags und abends ein Genuss

Die beiden Gründer Bastian Baumgarten und Malte Peters sind friesische Urgewächse und haben kulinarische Erfahrungen im Berliner Edelschuppen „Borchardt" und in der Hamburger Brasserie „Die Bank" gesammelt, bevor sie 2009 wieder in ihre Heimat zurückgekehrt sind, um hier urbane Cross-over-Küche an den Deich zu bringen. Gäste haben hier auch die Möglichkeit, Weine, Gewürze und andere kulinarische Zutaten im Bistroladen zu kaufen.

Urbane Küche hinterm Deich

Info

Lage: Das Norditeran liegt in der Gemeinde Bordelum, zwei Kilometer nördlich von Bredstedt und etwa 20 Kilometer nördlich von Husum: Dorfstraße 12, 25852 Bordelum

Website: *norditeran.com*

HINWEIS: Das Norditeran-Team bewirtschaftet auch den „fisk.ahoi"-Imbiss in Lüttmoorsiel (siehe Tipp 19).

18 Nordfriisk Futuur

FRIESISCHE KULTUR, GESCHICHTE UND SPRACHE

Eine interaktive Dauerausstellung im Nordfriisk Institut in Bredstedt informiert über das Friesentum. Dabei geht es nicht nur um die friesische Sprache, sondern auch um historische Persönlichkeiten, die Lebensweise und die typischen Bauernhäuser an der Nordseeküste.

Das „Biikebrennen“ am 21. Februar ist das Fest der Friesen schlechthin. Dann brennen die „Biikefeuer“ traditionell auf den Inseln und Halligen, aber inzwischen auch auf dem Festland. Der friesische Begriff Biike heißt Feuerzeichen. Der Brauch soll böse Geister vertreiben und Erntesegen bringen sowie den Wechsel von Winter und Frühling markieren.

Das ist nur ein Beispiel von friesischer Kulturhistorie, die in „Nordfriisk Futuur“ präsentiert wird. Seit 2018 gibt es in einem modernen Anbau vom Nordfriisk Institut in Bredstedt diese interaktive Ausstellung, die sich an alle Generationen richtet. Das Nordfriisk Institut ist so etwas wie das wissenschaftlich-kulturelle Zentrum von Nordfriesland, ähnlich der Fryske Akademy in Westfriesland (Niederlande). Es geht darum, die friesische Sprache lebendig zu halten und die Historie und Kultur weiter zu erforschen. Im hauseigenen Verlag erscheinen regelmäßig

Friesische Kulturgeschichte

Schriften und Bücher dazu. Die Ausstellung Nordfriisk Futuur macht die Forschungsarbeit anschaulich.

„Ich bin froh, dass wir mit dem Institut für Nordfriesische Sprache und Kultur hier einen Ort haben, der das friesische Erbe unserer Heimat wach hält", lobt Karin Prien, Bildungsministerin von Schleswig-Holstein, diese Einrichtung in den „Husumer Nachrichten". „Auch, wenn nur noch sehr wenige Menschen im Alltag überhaupt Friesisch sprechen können, ist es mir wichtig, dass dieses Stück unserer schleswig-holsteinischen Heimat nicht in Vergessenheit gerät. Das Institut und besonders die Ausstellung hier im Nordfriisk Futuur sind ein wunderbarer Beitrag dazu."

Gut 8000 Menschen in Schleswig-Holstein gibt es noch, die friesisch sprechen. Die anerkannte und von der EU geförderte Regionalsprache ist an der Küste immer noch präsent, denn die hiesigen Ortsschilder tragen neben dem hochdeutschen Namen auch

Nordfriesische Hauslandschaft

Exponate zum Drehen

die friesische Bezeichnung. Bredstedt heißt auf Friesisch „Bräist“. Wer sich im Friesischsprechen ausprobieren will, kann das an der Karaoke-Station tun und sich einzelne Sätze vorsagen lassen und versuchen, sie nachzusprechen.

Aber es geht in Nordfriisk Futuur um mehr als nur die Sprache. Die ganze Historie der Friesen an der schleswig-holsteinischen Nordseeküste wird hier nacherzählt und anfassbar gemacht. Der anerkannte „außerschulischer Lernort“ richtet sich auch an jüngere Menschen mit vielen multimedialen Angeboten und Schautafeln mit Elementen, die sich drehen und herausziehen lassen. Das weckt Neugierde und bringt ein spielerisches Moment in den Ausstellungsbesuch.

Zu den weiteren Themenfeldern gehören Literatur, Handwerk, das typische Friesenhaus und die Haubarge. An einer ganzen Wand sind zudem friesische Persönlichkeiten dargestellt – vom Maler Carl Ludwig Jessen, der die typischen Friesenstuben in Öl festgehalten hat, bis hin zur Sylterin Henriette Hirschfeld-Tiburtius, der ersten niedergelassenen Zahnärztin im Kaiserreich. Ein Besuch lohnt sich in jedem Fall, aber warten Sie nicht zu lang, denn „a tidj leet hör ei binj“. – Die Zeit lässt sich nicht binden.

Info

Lage: Das Nordfriisk Institut liegt in Bredstedt, einer kleinen Stadt, die sich 17 Kilometer nördlich von Husum befindet: Süderstraße 30, 25821 Bredstedt

Website: *nordfriiskfutuur.eu*

19 Beltringharder Koog

BADESTELLE MIT NEUER AUSSICHTSPLATTFORM

Die Badestelle Lüttmoorsiel ist längst ein Klassiker im Beltringharder Koog. Jetzt glänzt der kleine Küstenstreifen mit der 2022 eröffneten „Integrierten Station Westküste" mit Erlebnisausstellung zum Nationalpark Wattenmeer und Aussichtsplattform.

Badestelle Lüttmoorsiel

Das Wattenmeer ist hier genau 15 Stufen entfernt. Eine schmale Betontreppe mit eisernem Geländer führt bei Ebbe in den Schlick, der zu einer kleinen Wattwanderung einlädt oder eben zum Schwimmen, wenn das Wasser sich blicken lässt. Die Badestelle Lüttmoorsiel bietet den typischen „grünen Strand" der Nordseeküste, also einfach Rasen, der bis zum Ufer reicht. Wer hier gebadet hat oder seine Füße vom Schlick befreien will, kann sich am Ufer eine kalte Dusche gönnen – und natürlich nochmal die schöne Aussicht genießen. Von hier aus starten auch die Loren, eine Art Mini-Eisenbahn, zur Hallig Nordstrandischmoor.

Als Stärkung empfiehlt sich eine kleine Leckerei von „fisk.ahoi". Dieser Imbiss ist ein Ableger vom Edelrestaurant Norditeran in Bordelum. Seit 2019 gibt es ein richtiges Gebäude dazu, sodass Gäste auch drinnen Platz finden, wie in einem kleinen Bistro. Die Karte bewegt sich zwischen selbst gemachtem Kuchen, Bowls, kleinen Fischgerichten und den „kompromisslosen" Fischbrötchen, wie die Betreiber es ausdrücken. Sie stehen unter dem selbstbewussten Motto „Make Fischbrötchen great and Gosch afraid again" – in Anspielung an die traditionelle Fischrestaurantkette Gosch, die offenbar Angst bekommen soll. Nun denn, es schmeckt wirklich alles großartig und ist einen Besuch wert.

Aufstieg zur Aussichtsplattform

Neu ist das 2022 eröffnete Informationszentrum vom Nationalpark Wattenmeer, dessen Gebäude direkt an „fisk.ahoi" andockt und mit einem begehbaren Dach punkten kann, das als Aussichtsplattform dient. Von hier aus hat man eine grandiose Sicht über den Beltringharder Koog und die Nordsee. Übrigens handelt es sich hierbei um das größte Naturschutzgebiet von Schleswig-Holstein. Es umfasst eine Salzwasserlagune und viel Grünland, auf dem Vögel brüten. Mit über 100.000 Wat- und Wasservögeln, die hier im Laufe eines Jahres rasten, ist der Beltringharder Koog eines der vogelreichsten Naturschutzgebiete Deutschlands.

Wer es genauer wissen will, sollte unbedingt die Ausstellung im Erdgeschoss der „Integrierten Station Westküste", wie sie offiziell heißt, anschauen. Auf 100 Quadratmetern lässt sich das reich-

Informationszentrum mit Rundumblick

haltige Leben im Beltringharder Koog nachvollziehen. Einzelne Vogelart vom Löffler bis zur Rohrdommel sind hier als Abbildungen oder Modelle zu sehen, auch einzelne Vogelfedern sind Teil der Ausstellung, die insgesamt sehr kindgerecht gestaltet ist.

Rohrdommel hinter Glas

„Integrierte Stationen sind so etwas wie die Co-Working-Spaces des Naturschutzes", sagte der schleswig-holsteinische Umweltminister Tobias Goldschmidt im Rahmen der Eröffnung im August 2022. „Ich bin beeindruckt, wie vorbildlich Naturschutz, Naturerlebnis und nachhaltiger Tourismus hier vereint sind." Der Name „Integrierte Station" ist Programm, denn diese bündelt die Bereiche Naturschutzmanagement, Forschung, Öffentlichkeitsarbeit und Umweltbildung unter einem Dach. Hier kooperieren verschiedene Umweltschutzorganisationen wie der NABU und der WWF. Das Programm umfasst auch Wattwanderungen, etwa zur Hallig Nordstrandischmoor, oder geführte Vogelbeobachtungen.

Info

Lage: Die Integrierte Station Westküste sowie der „fisk.ahoi"-Imbiss liegen direkt an der Badestelle Lüttmoorsiel im Beltringharder Koog, der sich zwischen der Hamburger Hallig und Nordstrand befindet: Beltringharder Koog 4, 25821 Reußenköge

Websites:

- *norditeran.com/fisk-ahoi*
- *schutzstation-wattenmeer.de/unsere-stationen/beltringharder-koog*

20 Galerie Lüth

GROSSE KUNST IN KLEINER FISCHERKATE

Eine der schönsten und renommiertesten Galerien an der Nordseeküste steht in Halebüll bei Husum, fast direkt am Wasser. Seit Jahrzehnten ist hier schleswig-holsteinische Kunst zu bewundern. Gastgeber Hans-Heinrich Lüth hat sein reetgedecktes Elternhaus in einen kreativen Ort verwandelt.

„Eigentlich wollte ich Künstler werden, doch Gott sei Dank bin ich Galerist geworden." So bringt Hans-Heinrich Lüth seinen Lebensweg auf den Punkt. Dieser Satz fiel in seiner Dankesrede zum Hans-Momsen-Preis, der dem Besitzer der Galerie Lüth 2021 verliehen worden ist.

Hans-Heinrich Lüth (l.)

Mit dieser Auszeichnung würdigt der Landkreis Persönlichkeiten, „die sich besondere Verdienste um das kulturelle Leben in Nordfriesland erworben haben". Das trifft auf Hans-Heinrich oder kurz „Hein" Lüth auf jeden Fall zu, denn er macht in seiner Galerie viel mehr als nur Kunst auszustellen und anzubieten. „Aus eigener Kraft erhält er einen lebendigen Kulturbetrieb aufrecht, der vielerlei Impulse in die Region und darüber hinaus sendet", heißt es in der Jury-Begründung. „So haben die Museen in Flensburg, Husum, Schleswig und Itzehoe von ihm konzipierte Ausstellungen gezeigt und für ihr Publikum nutzbar gemacht.

Die Künstlerinnen und Künstler, die ihre Malereien, Druckgrafiken oder Skulpturen zeigen, stammen in der Regel aus Schleswig-Holstein und Dänemark. Zu den Galerie-Lieblingen gehören etwa Otto Beckmann, Ken Denning, Menno Fahl, Felix Martin Furtwängler und Einar Turkowski. Daneben führt Hein Lüth seinen Pictus-Verlag, in dem Kataloge zu seinen Ausstellungen und andere Kunstbücher erscheinen – bisher sind es schon mehr als 100 Publikationen. Außerdem ist der gelernte Buchhänd-

Galerie mit Wohnflair

Kunst in alter Fischerkate

ler Herausgeber von Anthologien im Verlag H. Lühr und Dircks. Darin vermitteln bekannte Autoren wie Werner Klose, Boy Lornsen und Siegfried Lenz ein atmosphärisches Bild vom Leben in der nördlichen Landschaft und ihrer Menschen.

Galerie unterm Reetdach

Die Galerie selbst ist als Gebäude ebenso landschaftsprägend. Es handelt sich um eine ehemalige Fischerkate, erbaut im Jahr 1790. Von 1910 bis 1913 hat hier mit dem Maler und Radierer Ingwer Paulsen sogar ein Künstler gelebt. Hein Lüth hat seinen Galeriebetrieb 1985 begonnen und präsentiert bis zu zehn Ausstellungen pro Jahr. Die Vernissage-Sonntage sind leicht erkennbar, denn dann ist die Straße, an der die Galerie liegt, weithin mit parkenden Autos belegt.

An normalen Galerietagen begrüßt einen der Hausherr mit Kaffee und lädt zu einer kleinen Führung und Kunst-Plausch ein.

Das gemütliche Innenleben des kleinen Reetdachhauses tut ein Übriges, um sich schnell wohlzufühlen in der kleinen Halebüller Kunstoase.

Für Hein Lüth ist die Kunst viel mehr als nur ein Teil seines Berufs. Der gebürtige Halebüller (die Galerie ist auch sein Elternhaus) sammelt selbst Kunst und ist mit vielen Künstlern eng befreundet. Außerdem ist er ein echter Bewunderer seiner Nordseeumgebung: „Als Jugendlicher trampte ich durch Europa. Aus den Alpen wiederkommend erkannte ich die Schönheit und Größe der horizontalen Landschaft. Hier habe ich eines gelernt, was mich bis heute prägt – Landschaft und Menschen gehören zusammen."

Seebrücke in Schobüll

Info

Lage: Die Galerie Lüth liegt in Schobüll an der Nordseeküste zwischen Husum und Nordstrand: Altendorferstraße 21, 25813 Husum-Schobüll (Halebüll)

Website: *galerie-lueth.de*

HINWEIS: Wer in der Umgebung noch spazieren gehen möchte, sollte die Seebrücke an der Badestelle Schobüll besuchen und von hier aus den Blick auf die Nordsee genießen. Dieser idyllische Küstenabschnitt mit etwas Strand stellt eine Besonderheit dar, denn die schleswig-holsteinische Nordseeküste ist ansonsten größtenteils mit Deichen bebaut.

21 Stormstadt Husum

EBBE UND FLUT MITTEN IN DER STADT ERLEBEN

Husum gehört zu den schönsten Städten an der schleswig-holsteinischen Nordseeküste. Das liegt auch an dem kleinen Binnenhafen, der die Gezeiten mitten ins Herz der kleinen Kreisstadt trägt. Der Schriftsteller Theodor Storm hat hier seine Spuren hinterlassen und auch sonst hat Husum viel Kulturelles, aber auch Kulinarisches zu bieten.

Eine kleine Gasse in Husum trägt den malerischen Namen „Wasserreihe". Hier hat die Theodor-Storm-Gesellschaft ihren Sitz und betreibt das „Storm-Haus" – ein Museum, das die Wohn- und Arbeitsräume des berühmten Dichters und Schriftstellers zeigt und über sein Werk informiert, das eng mit der Nordsee verknüpft ist.

Wasserreihe

Ein eigener Bereich im Storm-Haus widmet sich der bekanntesten Novelle des gebürtigen Husumers, der hier später auch als Richter gearbeitet hat. „Der Schimmelreiter", erschienen 1888 in Storms Todesjahr, handelt von dem Deichgraf Hauke Haien, der sich für modernere Deiche als wirksameren Schutz vor den Sturmfluten stark macht. Er kann sich zwar gegen die konservativen Kräfte durchsetzen, zieht aber den Unmut der Einwohner auf sich, als er sich gegen das „Deichopfer" stellt, das Vergraben eines lebendigen Tieres.

Theodor Storm

1978 fand in Husum die Uraufführung einer renommierten Schimmelreiter-Verfilmung statt, in der der US-Schauspieler John Phillip Law die Hauptrolle spielte. Gert Fröbe übernahm den Part des alten Deichgrafen, dem Vorgänger von Hauke Haien. Die Filmszene hat in Husum nach wie vor eine große Bedeutung. Das Husumer Kino-Center bringt es auf acht Säle mit mehr als 1100 Plätzen und ist damit das zweitgrößte Kino Schleswig-Holsteins, das mit den „Husumer Filmtagen" auch ein bedeutendes Filmfestival in Norddeutschland beherbergt. Für eine kleine Kreisstadt mit 22.000 Einwohnern ist das eine beachtliche Leistung.

Husumer Binnenhafen

Restaurantschiff MS Nordertor

In jedem Fall lohnt sich ein Spaziergang durch die Husumer Innenstadt, angefangen mit dem Binnenhafen, der bei Ebbe trockenfällt und bei Hochwasser wieder lebendig wird. Das Gezeiten-Schauspiel lässt sich hier bestens verfolgen. Eine Stärkung gibt es stilecht auf einem Schiff: Die MS Nordertor, die hier vor Anker liegt, ist ein schwimmendes Restaurant, das vom Backfisch bis zum Krabbenbrötchen alles bietet, was das Ausflüglerherz begehrt.

Wer vom Hafen aus die Neustadt hochspaziert, kommt am Künstlercafé vorbei, das ein wenig französischen Charme versprüht und einen schönen Innenhof bereithält. Etwas weiter Richtung Stadtrand befindet sich das „Nordfriesische Lammkontor", ein Slow-Food-Restaurant in einem ehemaligen Brauereigebäude. Hier sitzen die Gäste inmitten von Antiquitäten. Es gibt hier praktisch keine modernen Möbelstücke, was für eine heimelige Atmosphäre sorgt. Die Speisekarte bewegt sich zwischen aufwendigen Salaten und Gerichten vom Salzwiesenlamm und nordfriesischen Weiderind. Im Hofladen bietet das Lammkontor alle Variationen dieses hochwertigen Fleisches an, übrigens auch online bestellbar.

Eine weitere Sehenswürdigkeit ist der historische Marktplatz mit der „Tine". Die Statue einer jungen Fischersfrau ist das Wahrzeichen von Husum. Das wohl schönste Gebäude ist das „Schloss vor

Husum" aus dem 16. Jahrhundert mit seinem Schlosspark. Im Schloss befindet sich eine Dauerausstellung über das Leben seiner früheren Bewohner. Das Poppenspäler-Museum im Erdgeschoss zeigt Spielfiguren aus mehreren Epochen. Der Name bezieht sich auf eine Novelle Theodor Storm: „Pole Poppenspäler" (Paul Puppenspieler) ist neben „Der kleine Häwelmann" sein berühmtestes Werk für die jüngere Generation.

Die „Tine"

Mit seinem Gedicht „Die Stadt" setzte Storm dem gar nicht so grauen Husum 1851 ein literarisches Denkmal. Es schließt mit diesen Zeilen: „Doch hängt mein ganzes Herz an dir, / Du graue Stadt am Meer; / Der Jugend Zauber für und für / Ruht lächelnd doch auf dir, auf dir, / Du graue Stadt am Meer."

Info

Lage: Die Kreisstadt Husum liegt im Herzen Nordfrieslands an der Bahnstrecke Hamburg-Westerland zwischen der Halbinsel Nordstrand und Eiderstedt.

Websites:

- *husum-tourismus.de*
- *storm-gesellschaft.de*
- *ms-nordertor.de*
- *künstlercafehusum.de*
- *lammkontor.de*

HINWEIS: Die jährlichen Pole-Poppenspäler-Tage sind ein echtes Highlight: An zehn Tagen im Herbst verwandelt sich Husum zu einem Mekka des Figurentheaters für alle Generationen; *pole-poppenspaeler.de*

22 Dockkoogspitze

BADEN IN DER HUSUMER BUCHT

Die grüne Badestelle Dockkoogspitze erstreckt sich über eine Länge von 300 Metern vor den Toren Husums. Ein Küstenspaziergang gehört hier zum Pflichtprogramm, auch das Schwimmen ist hier sehr angenehm. Der Dockkoog ist aber auch ein besonderer Platz für Kunst im öffentlichen Raum.

Der grüne Strand mit der WunderBar

Gute drei Kilometer westlich vom Husumer Binnenhafen liegt der grüne Strand der „grauen Stadt am Meer". Gäste und Einheimische schätzen diesen Küstenstreifen gleichermaßen, denn hier ist man schnell in der Natur und direkt am Meer, um ein paar Schritte zu gehen und etwas Nordseeluft zu tanken.

Wer länger bleiben will, kann sich einen Strandkorb mieten, schwimmen gehen oder bei Ebbe etwas im Schlick herumwaten. Außerdem bietet die Terrasse der „WunderBar am Dockkoog" einen schönen Platz, um hier den Sonnenuntergang zu verfolgen. Zur Stärkung gibt es eine klassische Fischbrötchen-Auswahl, Salate und Rinder-Currywurst. Im Sommer wird auch mal der Grill in Betrieb genommen.

Gleich nebenan befindet sich ein kleiner Spielplatz, etwas weiter nördlich stehen Basketballkörbe. Die Backfischkalorien lassen sich also gleich wieder abtrainieren. Das Baden ist hier recht komfortabel, über einen Steg oder verschiedene Steintreppen geht es sicher in die Nordseefluten. Außerdem überwacht im Sommer die DLRG die Badestelle, die Duschen, öffentliche Toiletten und Umkleidekabinen bietet. Im nördlichen Abschnitt gibt es Liegewiesen und einen Hundestrand.

Ausblick von der Dockkoogspitze

Die Dockkoogspitze in der Husumer Bucht ist aber auch ein Ort für Kunst. Ein beliebtes Instagram-Motiv ist die „Windhosen"-Installation: Die gebürtige Kielerin Julia Bornefeld hat 2007 im Zuge der „Husum Wind Art", einem Wind-Kunst-Symposium, dieses Kunstwerk geschaffen, das aus metallischen Windhosen besteht. Es ging darum, Einheimische und Urlaubsgäste auf künstlerische Weise mit einem alltäglichen Phänomen zu konfrontieren, dem Wind. Und davon gibt es hier reichlich.

Eine Hose aus Metall

„Windhosen"-Installation von Julia Bornefeld

Lage: WunderBar am Dockkoog, Dockkoogstraße 28, 25813 Husum

Website: *wunderbar-husum.de*

Info

23 Backensholzer Hof

KÄSEREI MIT LOKALER KOCHKULTUR

Die „Hofküche" ist ein noch recht neuer Bereich auf dem Backensholzer Hof in Oster-Ohrstedt. Als Bioland-Käserei ist der Betrieb schon länger bundesweit bekannt, aber inzwischen ist er auch Produzent und Restaurant im „Feinheimisch"-Verein, einem Zusammenschluss von Produzenten und Gastronomen aus Schleswig-Holstein, die lokal und nachhaltig wirtschaften.

„Wir sind der Backensholzer Hof! Bei uns gibt es echte Bio-Landwirtschaft, leckeren Käse, einen Hofladen, die Hofküche und noch viel mehr zu entdecken!“ So steht es zur Begrüßung auf der Website des Bauernhofes, der sich knapp 20 Kilometer östlich von Husum befindet. Hofläden gibt es einige in Schleswig-Holstein, aber kaum einer verfolgt ein derart universelles und nachhaltiges Konzept wie der Backensholzer Hof.

Thilo Metzger-Petersen

Die beiden Brüder Thilo und Jasper Metzger-Petersen führen den Betrieb in zweiter Generation und haben sich gänzlich der ökologischen Landwirtschaft verschrieben. Seit 1989 produzieren sie verschiedene Käsesorten nach Bioland-Richtlinien, in denen nur hofeigene Kuhmilch verwendet wird. Die Sorten „Hofkäse“, „Husumer“ und „Deichkäse“ sind längst Klassiker in Käsetheken in der ganzen Republik.

Hofladen mit nordischen Leckereien

Seit 2019 sind die beiden auch als Gastronomen unterwegs. Mit einem Neubau auf dem Bauernhofgelände haben sie ein modernes Gebäude geschaffen, in dem der Hofladen und die neue Hofküche Platz gefunden haben. Wer die Backensholzer Produkte direkt beim Erzeuger kaufen will, hat hier die Möglichkeit dazu. Neben dem Käse gibt es noch weitere leckere Produktlinien wie die „Backensholzer Klassiker", dazu gehört etwa Zwiebelmarmelade oder Rote-Beete-Chutney.

Frisch aus der Bioküche

Das Bio-Restaurant „Hofküche" ist aber für sich genommen schon einen Ausflug wert. Das zweistöckige Holzhaus ist mit großen Fensterfronten versehen, sodass es innen ein bisschen wie ein Atelier aussieht. Dazu kommt eine moderne stylishe Einrichtung. Restaurantgäste können auf bequemen Polsterstühlen oder grünen Sofas Platz nehmen und die wirklich originelle Speisekarte studieren. Der „Grüne Kuddelmuddel" – frischer Salat und Gemüse mit Käse-Crumble – wechselt sich auf der Mittagskarte ab mit einem „Kürbis-Süppchen", der „Backensholzer Bratwurst" und den „Hofknöpfle", das sind Käsespätzle made in Nordfriesland. Beim Lunch geht es somit etwas bodenständig zu, abends wird es etwas feiner. Hinzu kommen kulinarische Events wie der „Käseabend mit Thilo".

Der Backensholzer Hof ist Mitglied in einem besonderen Verein, in dem sich die beiden Brüder auch im Vorstand engagieren: „Feinheimisch" heißt dieses Netzwerk von Produzenten, Manufakturen und Gastronomen aus Schleswig-Holstein, die sich selbst hohe Standards auferlegt haben. Diese gehen von artgerechter Tierhaltung bis hin zur Verwendung von hochwertigen Lebensmitteln ohne Zusatzstoffe und das alles im Zuge einer lokalen Küchen- und Esskultur. „Bei Feinheimisch ist sichergestellt, dass gut gearbeitet wird", erklärt Thilo Metzger-Petersen.

Willkommen in der Hofküche

„Das ist ein ganz wichtiger Wert, den man gar nicht groß genug nach außen darstellen kann. Dank Feinheimisch gibt es bei uns einen Stempel für echtes, convenience-freies Kochen."

Aber die beiden Brüder gehen noch einen Schritt weiter. Mit einer eigenen Biogasanlage sind sie auch noch Selbstversorger, was Wärmenergie angeht – und produzieren auch noch genug Ökostrom für 2000 Haushalte. Dann gibt es noch einen Wald- und Hofkindergarten, um dem Nachwuchs die Themen Kreislaufwirtschaft und Tierwohl näherzubringen. Mehr Nachhaltigkeit geht nicht. Der Name „Backensholz" ist übrigens dänisch und heißt auf deutsch „hinter dem Wald". Aber davon kann in diesem Fall wirklich nicht die Rede sein.

Info

Lage: Der Backensholzer Hof liegt etwas außerhalb von Oster-Ohrstedt, einem kleinen Ort an der Bundesstraße 201, der sich etwa zwölf Kilometer östlich von Husum befindet: Schwabstedter Damm 10, 25885 Oster-Ohrstedt

Websites:

- *backensholz.de*
- *feinheimisch.de*

24 Wildes Moor bei Schwabstedt

WANDERN IM VOGELPARADIES

Der Einstieg ins „Wilde Moor" führt über Hollbüllhuus, Ortsteil von Schwabstedt und auch der Name der Straße, von der aus das Naturschutzgebiet ausgeschildert ist. Über 630 Hektar erstreckt sich dieses atlantische Hochmoor, das nicht nur einen Wanderausflug wert ist, sondern auch eine wichtige Klimaschutzmaßnahme darstellt. Das einst trockengelegte Moor wird seit 1982 von der Stiftung Naturschutz Schleswig-Holstein renaturiert, also wieder in den ursprünglichen Zustand zurückversetzt. Hierfür sind Dämme entstanden, die das Wasser im Moor halten und damit auch das hier gebundenen CO2.

Wer sich auf dem Holzweg befindet, macht in diesem Naturschutzgebiet alles richtig. Auf erhöhten Bohlenwegen mit Geländer lässt sich das „Wilde Moor bei Schwabstedt" gut durchqueren. Auf diesem Lehrpfad gibt es einiges zu entdecken – und zu hören, denn in dieser Moorwiesenlandschaft leben viele Vogelarten, die auf sich aufmerksam machen.

Über 50 Brutvogelarten sind im Wilden Moor zu sehen oder zumindest zu hören. Eine Wanderung durch diese besondere Landschaft ist also allein schon ein akustischer Genuss. Wann hört man schon mal die Laute einer Bekassine oder eines Kranichs? Auch Seeadler kreisen gern über dem Wilden Moor. Aber auch die Pflanzenwelt hat hier vieles zu bieten. Hier wächst die Moorlilie sowie Rosmarin- und

Wandern im Naturschutzgebiet

Glockenheide. Mit der Ausweisung als FFH-Gebiet (Fauna-Flora-Habitat-Gebiet) und Vogelschutzgebiet gehört das Wilde Moor zum europäischen Biotopverbund „Natura 2000".

Das Bewandern ist hier recht komfortabel durch das gut ausgebaute Wegenetz, teilweise als Holzbohlenwege mit einem Geländer und Sitzbänken zum Ausruhen und Beobachten. Das Wilde Moor erstreckt sich über vier Mal vier Kilometer und lässt sich in Nord-Süd- und Ost-West-Richtung durchqueren. Unterwegs trifft man auf einen Aussichtsturm und Picknickplätze. Auch der Eider-Treene-Sorge-Radweg führt direkt durchs Moor.

Info

Lage: Das Wilde Moor befindet sich nordöstlich von Schwabstedt, etwa 15 Kilometer östlich von Husum und grenzt im Osten an die Treene.

Websites:

- *eider-treene-sorge.de*
- *stiftungsland.de*

HINWEIS: Die Försterei Langenhöft in Ostenfeld veranstaltet Führungen durch das Moor, Anmeldung unter Tel. 04845 7132

25 Lundenbergsand

BADESTELLE MIT WELLNESSHOTEL

Acht Kilometer südwestlich von Husum liegt Lundenbergsand direkt an der Nordseeküste. Das kleine Fleckchen gehört zur Gemeinde Simonsberg und besticht mit einer kleinen Badestelle, einem freistehenden Wellnesshotel und einem Campingplatz. Wer es einsam und ruhig mag, ist hier genau richtig.

Wellness-Hotel Lundenbergsand

Wo gibt es schon eine Sauna in einem Leuchtturm? Das Vier-Sterne-Wellnesshotel Lundenbergsand macht es möglich. Zugegeben handelt es sich nicht um einen richtigen Leuchtturm, der mal Schiffen den Weg gewiesen hat, sondern um einen „privaten" Leuchtturm als Anbau des bestehenden reetgedeckten Hotels. Aber trotzdem: Von der finnischen Sauna und dem Ruheraum heraus auf die Nordsee zu schauen, ist schon toll.

Seit 2019 kann das Hotel mit dieser zwölf Meter hohen Besonderheit aufwarten. Im Leuchtturm befindet sich auch noch ein Massage-und-Kosmetik-Bereich sowie ein Fitness-Center. Die Lage ist insgesamt sehr exklusiv, denn es handelt sich um ein freistehendes Gebäude. Weit und breit gibt es nur nordfriesische Landschaft und das Meer. Sollte das Nordseewasser an der Badestelle zu kalt sein, empfiehlt sich der beheizte

Blick vom Leuchtturm

Außenpool des Hotels. Im Restaurant erwarten einen Lamm- und Fischgerichte, bei Sonnenschein auch auf der Strandkorbterrasse. Wer mit dem Elektroauto anreist, kann es an einer Ladestation andocken.

Für ein deutlich kleineres Budget ist eine Übernachtung bei „Nordseecamping zum Seehund" möglich. Dieser Campingplatz vermietet sogar Schlafstrandkörbe. Das sind sozusagen überdachte Liegestrandkörbe, die aber durchaus bequem sind. Aber Achtung: Haustiere sind in den 1,30 Meter mal 2,40 Meter großen Schlafstätten nicht erlaubt. Der Campingplatz verfügt über einen eigenen Schwimmteich, der ohne Chlor auskommt.

Aber auch ohne Übernachtung lohnt sich ein Abstecher an die öffentliche Badestelle Lundenbergsand, denn – wie der Name vermuten lässt – gibt es hier einen kleinen Sandstrand. Bei Ebbe bieten sowohl das Hotel als auch die Schutzstation Wattenmeer geführte Wattwanderungen an.

Badestelle mit Aussicht

Geführte Wattwanderung von Lundenbergsand

Info

Lage: Lundenbergsand – Nordsee Hideaway und Spa, Lundenbergweg 3, 25813 Simonsberg. Nordseecamping zum Seehund, Lundenbergweg 4, 25813 Simonsberg

Websites:

- *hotel-lundenbergsand.de*
- *nordseecamping.de*
- *nordseecamping.de*

HINWEIS: Bei dem Hotel Lundenbergsand gibt es die Einschränkung, dass es nur Gäste ab 18 Jahren empfängt.

26 Friedrichstadt

KLEIN-AMSTERDAM ZWISCHEN EIDER UND TREENE

Einen Ausflug ins 17. Jahrhundert ermöglicht die Holländersiedlung Friedrichstadt. Hier gibt es ganze Straßenzüge mit alten Giebeln und malerischen Fassaden zu bestaunen. Wer baden oder eine Bootstour machen möchte, ist hier ebenfalls bestens aufgehoben.

Wer Friedrichstadt mit dem Zug besuchen möchte – das kleine Städtchen liegt auf der Strecke Hamburg-Westerland – wundert sich zuerst einmal. Schließlich liegt der Bahnhof nicht klassisch im Zentrum, sondern tangiert gerade noch den westlichen Stadtrand. Der Spaziergang zur Altstadt ist dafür umso schöner, denn er führt einen zum Westersielzug, der sich über die kleine „Blaue Brücke" überqueren lässt. Die Sielzüge sind die Grachten, also die alten Kanäle, mit denen das Wasser der Treene in den angrenzenden Fluss Eider geleitet wird. Dieses System aus kleinen Wasserwegen und die hier endende Treene prägen den Grundriss der Altstadt, die komplett von Wasser umgeben ist und sich durch den Mittelburggraben in zwei Hälften teilt.

Grachtenfahrt in Friedrichstadt

Es lohnt sich schon, einfach an den Ufern von Friedrichstadt entlangzuspazieren. Wer in der hier seeartig aufgestauten Treene schwimmen möchte, findet im Treene-Freibad eine schöne Badestelle. Friedrichstadt bietet sich auch an, um von hier aus eine Kanutour zu starten oder eine kleine Grachtenfahrt zu unternehmen, also die Stadt auf einem flachen Motorschiff vom Wasser aus zu erkunden. Das Grachtensystem misst insgesamt sieben Kilometer. Der Grachtenanleger befindet sich neben dem Freibad an der Nordseite der Stadt. Wer selbst paddeln möchte, kann bei „Kanu Kunterbunt" in der Ostermarktstraße am Ostersielzug Kanus, Kajaks sowie Angel- und Tretboote ausleihen. Von hier aus sind es nur wenige Minuten bis zur Eider, die sich weiter ins Landesinnere verzweigt oder zur anderen Seite in die Nordsee mündet. Etwas entspannter ist eine Paddeltour über das kleinere Flüsschen Treene, wo die Strömung nicht so stark ist.

Wer lieber selbst fährt, kann sich ein Treetboot oder ein Kanu leihen

Marktplatz

Aber die Friedrichstadt sollte natürlich auch zu Fuß erkundet werden. Vom Marktplatz aus lässt sich die Stadt komplett erwandern. Hier befindet sich das wohl bekannteste Postkartenmotiv, nämlich die neun Treppengiebelhäuser aus dem 17. Jahrhundert, die einfach schön anzuschauen sind. Eine Besonderheit ist auch der Brunnen mit seinem hölzernen Häuschen, das plattdeutsche Verse von Klaus Groth (1819–1899) präsentiert, jenem Heimatdichter, der sich sehr für die niederdeutsche Sprache eingesetzt hat und so etwas wie den plattdeutschen Duden entwickelt hat.

Gegenüber vom Marktplatz, auf dem anderen Grabenufer, liegt das Restaurant „Holländische Stube", das schon seinen 400. Geburtstag feiern konnte und regionale Küche bietet. Es gibt Plätze am Ufer, aber das Haus ist auch von innen schön restauriert. Es diente sogar schon als Filmkulisse für die Buddenbrooks-Verfilmung von 1979, denn das Gebäude ist eines der ältesten hiesigen Kaufmannshäuser und stammt somit aus der Gründungsphase von Friedrichstadt.

Herzog Friedrich III. (1597–1659) gründete den Ort als Handelsstädtchen für protestantische Holländer, die damals aufgrund ihres Glaubens flüchten mussten und Friedrichstadt nach holländischem Vorbild aufbauten. Später siedelten sich auch Menschen aus anderen Glaubensgemeinschaften hier an, sodass die Stadt seit jeher für Toleranz steht. Wer sich genauer mit der Geschichte des Ortes beschäftigen möchte, kann dies im Museum Alte Münze tun, das sich in einem der schönsten Renaissancegebäude Schleswig-Holsteins befindet (Am Mittelburgwall 23).

Museum Alte Münze

Kajüte 1876 mit Terrasse

Echtes Friedrichstädter Bier gibt es in der „Kajüte 1876“ (Holmertorstraße 9-11), eine urige Kneipe mit Garten und Gästehaus. Hier kann man zum Beispiel gemütlich unter dem Dach in der „Knuffelkammer“ übernachten. Und wer das „1621 Pilsener“ vorab kosten möchte, kann es sich im Onlineshop bestellen.

Friedrichstädter Bier

Info

Lage: Der Luftkurort Friedrichstadt gilt auch als Tor zu Eiderstedt und liegt zwischen den Flüssen Eider und Treene, etwa 16 Kilometer südlich der Kreisstadt Husum.

Websites:

- *friedrichstadt.de*
- *gaestehauskajuete.de*
- *1621-bier.de*

Eiderstedt

Storchennest im Westküstenpark

Eiderstedt

27. Roter Haubarg: Restaurant und Museum in einem historischen Bauernhaus
28. Herrenhaus Hoyerswort: Ausflug ins 16. Jahrhundert
29. Haus Peters: Kultur erleben im historischen Kaufmannsladen
30. Hochdorfer Garten: Naturidyll mit Café und Haubarg
31. Westküstenpark und Robbarium: Tiere hautnah erleben in St. Peter-Ording
32. Vollerwiek: baden und das Glück entdecken
33. Katinger Watt: Naturparadies mit Eiergrog
34. Multimar Wattforum: Wale, Watt und Weltnaturerbe
35. Tönninger Packhaus: der längste Adventskalender der Welt

Bredstedt
Viöl
SALZWASSERLAGUNE
Hattstedt
Wester-Ohrstedt
Schobüll
Tilli
PELLWORM
Nordstrand
Husum
Mildstedt
27
Uelvesbüll
Witzwort
Schwabstedt
Osterhever
28
29
Friedrichstadt
Oldenswort
Tetenbüll
34
Dahrenwurth
30
35
Sandwehle
Schlichting
31
Tating
Tönning
33
32
Sankt Peter-Ording
Vollerwiek
Katinger Watt
Zennhusen
BROKLANDSAU
Wittenwurth
23
Wesselburen
Heide
Ketelsbüttel
Büsum
Meldorf
SÜDERAU
Süderhastedt
Friedrichskoog-Spitze

27 Roter Haubarg

RESTAURANT UND MUSEUM IN EINEM HISTORISCHEN BAUERNHAUS

Der Rote Haubarg ist ein Haus der Superlative: Er gilt als der bekannteste Haubarg, wie diese besondere Bauernhaus-Konstruktion genannt wird, und ist auch einer der größten, die noch erhalten und öffentlich zugänglich sind. Hier befindet sich neben einem kleinen Heimatmuseum ein renommiertes Restaurant mit regionalen Gerichten.

Hier haben schon Bundespräsidenten und Landesoberhäupter gespeist. Der Rote Haubarg ist nicht nur ein Kulturdenkmal, sondern auch eins der schönsten Restaurants an der Nordseeküste. „Wir setzen auf regionale Produkte, haben uns schon früh darauf festgelegt, nur Lammfleisch aus Nordfriesland anzubieten", erklärt Wioletta Gattorf, die das Traditionshaus seit 2017 führt. „Unsere Küche zeichnet sich durch regionale und teilweise raffinierte Gerichte aus. Für jeden Geschmack gibt es etwas. Auch Familien mit Kindern werden bei uns nicht arm, aber satt."

Wer in der Nähe der kleinen Gemeinde Witzwort nach einem roten Haus Ausschau hält, ist allerdings auf dem Holzweg. Der Rote Haubarg heißt zwar so, erstrahlt aber komplett in weiß. Nur das Reetdach liegt wie eine dunkle Decke über dem gigantisch großen Gebäude. Ein Haubarg ist ein besonderer holländisch geprägter Bauernhaustyp, der gewissermaßen einen kompletten Bauernhof in einem Gebäude vereinigt. Heuschober, Tierställe und Wohnräume befinden sich hier unter einem riesigen Dach. Beim Roten Haubarg ist es stolze 17 Meter hoch.

Der Rote Haubarg ist eigentlich weiß

Heimatmuseum im Haubarg

Erbaut Mitte des 17. Jahrhunderts atmet man hier fast vier Jahrhunderte Eiderstedter Geschichte. Wie es im Roten Haubarg ausgesehen hat, als er noch als Bauernhof in Betrieb gewesen ist, zeigt das kleine Museum. Hier stehen historische landwirtschaftliche Geräte aus den letzten Jahrhunderten. Anhand von Modellen lässt sich das Konzept dieser einzigartigen Höfe leicht nachvollziehen.

Warum heißt der Rote Haubarg nun so, obwohl er weiß ist? Eine Anekdote besagt, dass das Vorgängergebäude – auch ein großes Bauernhaus – ein rotes Ziegeldach hatte. Offenbar hat sich der alte Name aus Gewohnheit auf das neue Gebäude übertragen und sich über die Jahrhunderte gehalten. Vielleicht war das Gebäude aber auch anfangs rot angestrichen oder die Eigentümer ließen die Mauern unverputzt, so dass die rote Steinfarbe zu sehen war. Nichts Genaues weiß man nicht ... Die Gemeinde Witzwort, zu der der Rote Haubarg gehört, hat übrigens keinen besonders humorvollen Ortsnamen. Witzwort heißt so viel wie „weiße Warft“.

Historische Gaststube

Nicht nur das Haus steht unter Denkmalschutz, sondern auch das Grundstück. Es handelt sich um eine Gartenanlage mit einer 1200 Quadratmeter großen Wildblumenwiese. Das zeigt auch, dass die Betreiberin Wioletta Gattorf es mit der Nachhaltigkeit wirklich ernst meint. Die gelernte Hotelfachfrau ist mit ihrem Roten Haubarg „Nationalparkpartner". Das heißt, dass „wir uns den Zielen des Nationalparks verbunden fühlen. Wir unterstützen den Schutz unserer natürlichen Umwelt, indem wir mit unserem Roten Haubarg ein qualitativ hochwertiges Produkt anbieten und nachhaltig in der Region wirtschaften. Und wir sind stolz auf unsere außergewöhnliche Natur- und Kulturlandschaft."

Teufelsbronze

Kunst gibt es hier auch zu sehen. Vor dem Gebäude sitzt eine Teufelsskulptur auf einem Stein und schaut vom Haubarg weg in Richtung Park. Die Bronze aus dem Jahr 2006 stammt von dem Künstler B. Lothar Frieling (1945–2016), der den größten Teil seines Lebens in Schleswig-Holstein verbracht hat. Die Skulptur erinnert an die Sage, derzufolge der Bau des Haubargs auf einem Pakt mit dem Teufel basiert habe – der sich aber mit List und Tücke abwenden ließ.

Info

Lage: Der Rote Haubarg gehört zwar zur Gemeinde Witzwort, liegt aber näher an dem Ort Simonsberg am nordöstlichen Rand der Halbinsel Eiderstedt: Sand 5, 25889 Witzwort

Website: *roterhaubarg.de*

28 Herrenhaus Hoyerswort

AUSFLUG INS 16. JAHRHUNDERT

Herrenhäuser sind für die schleswig-holsteinische Nordseeküste nicht gerade typisch. Umso erfreulicher ist es, dass es Anwesen wie Hoyerswort gibt – hier lässt es sich sehr gut aushalten bei einem Kaffee oder einem französischen Dinner. Auch die hier ansässige Marschentöpferei ist einen Besuch wert.

Wer die Auffahrt zum Grundstück passiert, dem sticht erst einmal ein kleiner Sandkasten mit Eimer und Schaufel ins Auge. Schließlich wird das Herrenhaus Hoyerswort von der Eigentümerfamilie bewohnt – und zwar gleich in Form von drei Generationen. Schlossherr Alfred Jordy hat das weiße Gemäuer, das zu den schönsten Renaissancebauten Schleswig-Holsteins gehört, im Jahr 2010 gekauft und es ein Jahr später für die Öffentlichkeit freigegeben. Bis dahin war es nämlich ein landwirtschaftlicher Betrieb.

Erbaut um 1550

Der gebürtige Berliner war schon vor dem Kauf längere Zeit im Norden und hat immer wieder Töpfereien betrieben, ein Blick für Ästhetik ist also immer vorhanden gewesen: „Einige Besucher bewundern mich um das schöne Anwesen, andere hingegen bedauern mich wegen der vielen Arbeit", schreibt er in seinem Buch „Hoyerswort – Die Herausforderung meines Lebens": „Hoyerswort mit seinen Graften, den vielen Bäumen und seinem Park ist ein kleines Paradies."

Tatsächlich ist man schnell dem Charme dieses besonderen Bauwerks erlegen. Die schlossartigen Fenster und Giebel oder

Café im Herrenhaus

der Eckturm machen von außen einiges her. Aber auch die inneren Werte wissen zu überzeugen. Im großen Foyer befindet sich ein klassisches Café mit reichlich Kalorienauswahl von Apfelkuchen bis Trümmertorte mit Himbeer-Sahne-Füllung. Im ersten Stockwerk betreibt der Förderverein Hoyerswort ein kleines Museum.

Erbaut um 1550 war das Herrenhaus anfangs der Sitz des „Stallers von Eiderstedt" Caspar Hoyer, gewissermaßen der höchste Verwaltungsbeamte von Eiderstedt. Dieser konnte auch bis zu einem gewissen Grad gerichtliche Urteile aussprechen – und vollstrecken. Davon zeugen heute noch ein kleiner Kerker und ein Pranger am Treppenturm. Sein Sohn Herman übernahm das Amt und heiratete Anna Owena, die eine der wenigen Dichterinnen im 17. Jahrhundert war. Somit kann Hoyerswort auch auf eine künstlerische Tradition zurückblicken. Später lebte hier die Herzogenwitwe Auguste von Husum, die ein wenig adeligen Glanz in das Haus brachte; insgesamt ist die 400-jährige Historie von vielen Eigentümerwechseln geprägt.

Mit der Marschentöpferei hat sich der Keramiker Alfred Jordy eine traumhafte Arbeitsumgebung in der ehemaligen Kapelle im Seitenflügel des Herrenhauses geschaffen. Hier produziert er Wandfliesen mit Blumen- oder Nordseemotiven. Ein erster Kunde war er selbst, denn den Scheunenhaubarg auf dem Gelände des Anwesens hat er in eine Brasserie verwandelt. Auf den 580 Quadratmetern existiert damit ein französisches

Brasserie in der Scheune

Restaurant, betrieben von seiner Tochter Anna und ihrem Mann Hermann Bothe.

Das Herrenhaus Hoyerswort enthält auch vier sehr schöne Ferienwohnungen, die ebenso einmalig sind an der Nordseeküste. Alles ist hier stilecht und originalgetreu ausgestattet, schlossartiger Kamin inklusive. Aber egal ob nur für ein Stück Kuchen, ein Dinner oder einen ganzen Urlaub – Hoyerswort gehört zu den exklusivsten Ausflugszielen an der Nordsee und besticht gleichzeitig mit einer heimeligen Atmosphäre, die die Eigentümerfamilie stets herzustellen vermag. Und ob Schlossherrenenkel Louis sich hier auch einmal verwirklichen möchte, bleibt abzuwarten.

Info

Lage: Das Herrenhaus Hoyerswort liegt etwa zwei Kilometer südlich von Oldenswort und etwa sechs Kilometer nördlich von Tönning auf der Halbinsel Eiderstedt: Hoyerswort, 25870 Oldenswort

Website: *hoyerswort.de*

29 Haus Peters

KULTUR ERLEBEN IM HISTORISCHEN KAUFMANNSLADEN

Mehr als ein Museum: Das Haus Peters in Tetenbüll mitten auf der Halbinsel Eiderstedt ist ein historischer Kolonialwarenladen aus dem Jahr 1820, aber auch ein Ort, wo Kunstausstellungen und andere kulturelle Events stattfinden.

Gleich gegenüber der mittelalterlichen und sehenswerten Kirche St. Anna steht das Haus Peters aus dem Jahr 1760. Es handelt sich um ein echtes Unikum an der Nordseeküste, denn hier warten einige Überraschungen. Zunächst einmal ist jeder Besuch eine Zeitreise, die die Gäste vom Haus Peters um mehr als hundert Jahre zurückversetzt. Hier herrschte von 1820 bis 1924 ein reger Handel mit teilweise exklusiven Kolonialwaren. Schließlich waren die hiesigen Bauern damals durchaus vermögend und konnten sich exotische Gewürze und andere Gegenstände aus Übersee leisten.

Herzstück des Ladens

Die Ausstattung aus der Biedermeierzeit ist komplett im Originalzustand erhalten geblieben und dient nun als Museum. Der alte Tresen steht hier noch und die Schränke mit den typischen „Tante-Emma-Laden"-Fächern und -Schubladen. Außerdem lassen sich hier einige Wohnräume der damaligen Betreiberfamilie besichtigen. In dieser Form ist das Haus Peters der älteste an seinem Ursprungsort erhaltene Laden in Schleswig-Holstein.

Historisches Spielzeug

Aber das Haus Peters ist eben viel mehr als ein Heimatmuseum mit Zeugnissen aus dem ländlichen Leben des 19. Jahr-

Biedermeier-Bett

Tee aus dem Samowar

hunderts. Wer hier einkehrt, kann immer noch etwas kaufen, allerdings in einem neuen Verkaufsraum. Das Angebot bewegt sich zwischen Kalendern über Schokolade bis hin zu Steckrübeneintopf aus Eiderstedt. Somit bleibt das urige Gemäuer, das inzwischen der Gemeinde Tetenbüll gehört, lebendig.

Dafür sorgt auch das kulturelle Programm. Im Haus Peters finden immer wieder Kunstausstellungen und Konzerte statt. Es handelt sich hierbei also auch um ein kulturelles Zentrum für die Region und eben nicht um eine rein touristische Attraktion. Wer hier von außerhalb einkehrt, wird immer auch auf Einheimische treffen. Seit gut 30 Jahren funktioniert diese Mischung aus Events und Museum nun schon.

Ein kleines Kunst-Highlight ist das „Horst Janssen Zimmer" im Obergeschoss. Der bedeutende Hamburger Zeichner und Grafiker (1929–1995) hat zeitweilig ganz in der Nähe in Witzwort gelebt und natürlich die Halbinsel

Eiderstedt in seinen Kunstwerken festgehalten. Im Giebelzimmer vom Haus Peters lassen sich diese Werke seit 1997 besichtigen. Seine „Eiderlandmappe" umfasst einige Radierungen mit Landschaften, die teilweise die nackte Naturgewalt Nordfrieslands zeigen. Auch sonst präsentiert das Haus Peters immer wieder Künstlerinnen und Künstler, die einen Bezug zu Norddeutschland haben, wie etwa Ulf Petermann, Manuel Knortz oder Levke Leiß.

Kunstvoll ist auch der typische Bauerngarten, in dem sich historische Rosensorten und Sonnenblumen bewundern lassen. Einmal im Jahr findet hier das „Schaf- und Rosenwochenende" statt, ein kleines Fest mit Kunsthandwerkmarkt und Rosenverkauf. Außerdem lohnt sich ein Spaziergang durch Tetenbüll, dessen historischer Dorfkern fast vollständig unter Denkmalschutz steht. Empfehlenswert sind das Café im Theatrium (Karkenstraat 13) und der Kirchspielkrug (Karkenstraat 1) mit Eiderstedter Spezialitäten.

Haus Peters: Museum, Galerie, Laden

Lage: Das Haus Peters liegt in Tetenbüll auf der Halbinsel Eiderstedt, etwa 15 Kilometer nordöstlich von St. Peter-Ording: Dörpstraat 16, 25882 Tetenbüll

Website: *hauspeters.info*

Info

30 Hochdorfer Garten

NATURIDYLL MIT CAFE UND HAUBARG

Nur fünf Kilometer von St. Peter-Ording entfernt liegt das Dorf Tating, das einen kleinen Naturschatz beherbergt. Der Hochdorfer Garten ist ein naturnah gehaltener Barockpark mit Café, Klosterruine und einem Haubarg mit Ferienwohnungen. Dieses etwas versteckt liegende idyllische Gartenparadies sollte niemand missen, der auf Eiderstedt unterwegs ist.

Kaiser Wilhelm II. hat persönlich auf seiner Jacht die Stiftungsurkunde unterschrieben, wodurch der Hochdorfer Garten vom Privatbesitz zum Gemeingut gemacht worden ist. Die Eigentümerfamilie hatte keine direkten Nachkommen, sodass der Garten seit 1905 öffentlich zugänglich ist. Angelegt als Barockgarten 1764, der wie ein klassischer Park aufgebaut ist mit Nord- und Südachse, gilt er heute als naturnaher Garten, also ein kleines Öko-Biotop mitten auf der Halbinsel Eiderstedt.

Lindenallee

Ein Besuch lohnt sich in jedem Fall für einen Spaziergang, um die vielfältige, teilweise exotische Pflanzenwelt zu bewundern. Der Hochdorfer Garten beherbergt auf einer Fläche von fünf Hektar viele Obstbäume mit alten Apfelsorten, holländische Linden, Zypressenbäume und einen Urweltmammutbaum (Chinesisches Rotholz). Eine wahre Farbenpracht bringen die vielen Magnolienblüten im Frühjahr in den Garten.

Burgruine als Parkdeko

Romantisch wird es bei der künstlichen Burgruine, die Ende des 19. Jahrhunderts in Anlehnung an Gemälde von Caspar David Friedrich errichtet worden ist und seither gewissermaßen als Parkschmuck dient. Am Rand des Gartens liegt der Hochdorfer Haubarg, in dem früher die Besitzerfamilie gelebt hat. Inzwischen sind in dem großen reetgedeckten Anwesen Ferienwohnungen untergebracht. Der weiße Haubarg ist ebenso wie der Garten im Jahr 1764 entstanden und wirkt mit seiner Rokokotür recht feudal. Mehrmals diente das Gebäude für Empfänge mit dem dänischen König, der bis 1864 über Eiderstedt herrschte. Inzwischen befinden sich hier mehrere Ferienwohnungen mit einer Fläche zwischen 50 und 100 Quadratmetern.

Haubarg mit Ferienwohnungen

Spätestens jetzt ist es aber Zeit für einen Kuchen und den gibt es in Bestform im Schweizer Haus. Ursprünglich gebaut als Sommerhäuschen von den Besitzern des Hochdorfer Gartens dient es jetzt als Café und Restaurant. Die hölzerne Bauweise im Schweizer Stil hat dem Lokal den Namen eingebracht, kulinarisch hat es keinen Einfluss. Zu den Spezialitäten des Hauses zählt die Eierlikörtorte. Wer es deftiger mag, sollte die Flammkuchen probieren. Im Inneren des Hauses ist es sehr gemütlich und ursprünglich. Das Haus stammt aus dem Jahr 1873 und hat nichts von seinem Charme eingebüßt. Draußen in einem eigenen Gartenbereich finden 70 Gäste Platz.

Speisen im Schweizer Haus

Seit 1979 steht der Hochdorfer Garten unter Denkmalschutz und gilt als bedeutendstes Beispiel bäuerlicher Gartenkultur in Schleswig-Holstein. Im Sommer findet hier das „Tatinger Parkfest" statt, wo sich Einheimische und Gäste von außerhalb auf Strohballen im Garten zusammenfinden und vor idyllischer Naturkulisse gemeinsam feiern.

Info

Lage: Der kleine Ort Tating, in dem sich der Hochdorfer Garten befindet, liegt an der Bundesstraße 202, die St. Peter-Ording mit Tönning verbindet: Düsternbrook 10, 25881 Tating

Websites:

- *hochdorfer-garten.de*
- *haubarg-hochdorfer-garten.de*
- *schweizerhaus-tating.de*

HINWEIS: Die Wege im Hochdorfer Garten sind größtenteils barrierefrei.

31 Westküstenpark & Robbarium

TIERE HAUTNAH ERLEBEN IN ST. PETER-ORDING

Am Rande der Strandmetropole St. Peter-Ording gibt es ein kleines Tierparkparadies mit vielen heimischen und exotischen Exemplaren. Der Westküstenpark eignet sich bestens für einen Familienausflug. Ein Highlight ist die 1000 Quadratmeter große Seehundanlage mit Nordseewasser.

„Nein, das macht er jetzt nicht!" Dieser Gedanke steht einigen Besucherinnen und Besuchern im Westküstenpark ins Gesicht geschrieben. Bei einer Führung geht es zum Robbarium und die Mitarbeiterin erklärt kurzerhand, dass es möglich sei, sich einen Seehund-Kuss abzuholen. Ein Mädchen meldet sich tatsächlich

Robbarium

und stellt sich ganz nah an den Rand des großen mit 1,2 Millionen Litern Nordseewasser gefüllten Beckens. Tatsächlich schnellt ein Seehund heran, hechtet ein Stück aus dem Wasser heraus und küsst das Mädchen auf die Stirn …

Für Nervenkitzel ist also gesorgt im „Westküstenpark & Robbarium St. Peter-Ording", wie der Tierpark offiziell heißt. Erst kürzlich hatte diese 14,5 Hektar große Anlage ihr 30. Jubiläum gefeiert. 1992 hatte das Ehepaar Marke das Projekt gestartet und sich dabei vorgenommen, umfassende, artgerechte Tierhaltung nach modernen Standards, barrierefreie Naturerlebnisse und Umweltbildung in einer Anlage zu vereinen.

Annika mit Eule

Tatsächlich ist der Tierpark als „Bildungseinrichtung für nachhaltige Entwicklung“ zertifiziert und bietet Kindern viele Möglichkeiten, das Leben von Tieren zu studieren. Dazu gibt es sogar eine kleine Tierparkschule. Das Spielen kommt aber auch nicht zu kurz: In der Kinderscheune können die Kleinen malen und basteln. Außerdem gibt es eine Hüpfburg, ein Puppentheater, einen Spielplatz sowie gleich drei Streichelgehege mit Eseln, Ziegen und Alpakas. Mehr Kinderentertainment geht wirklich nicht.

Kinderspielplatz

Insgesamt befinden sich über 800 Haus- und Wildtiere im Westküstenpark. Die Bandbreite reicht von Austernfischern über texanische Rinder bis hin zu Waschbären. Auch die größte frei fliegende Storchenkolonie Deutschlands ist hier vertreten. Wer es exotischer mag, sollte das Troparium besuchen, das sich gegenüber vom Restaurant im Tiergarten befindet. Hier gibt es Schlangen und Echsen in grellen Farben zu sehen sowie Käfer und Schildkröten.

Paradies für Störche

Über den normalen Besuch hinaus können verschiedene Führungen gebucht werden und es besteht die Möglichkeit, für einen Tag als Tierpflegerin oder Tierpfleger zu arbeiten. Eine besondere Kombination bietet das Robbenticket. Es beinhaltet den Eintritt in den Park und eine Fahrt zu den Seehundbänken mit den Adler-Schiffen von Tönning oder vom Eidersperrwerk aus.

Kuschel-Schlange

Info

Lage: Der Westküstenpark liegt am östlichen Rand von St. Peter-Ording, dem berühmten Ferienort an der Westküste von Eidestedt: Wohldweg 6, 25826 St. Peter-Ording

Websites:

- *tierpark-westkuestenpark.de*
- *adler-schiffe.de*

HINWEIS: Vor einem Besuch empfiehlt es sich, die aktuellen Fütterungszeiten etwa von Seehunden und Schildkröten nachzuschauen. Das ist ein echtes Highlight.

32 Vollerwiek

BADEN UND DAS GLÜCK ENTDECKEN

An der Südküste von Eiderstedt, wo die Eider in die Nordsee mündet, liegt eine verträumte Badebucht, die zum Schwimmen und Planschen einlädt. Aber auch das kleine Dorf Vollerwiek lohnt einen Abstecher wegen seiner historischen Gebäude und des „Himbeerhof Jürgens" mit Café und Bauernladen.

Zum Glück gibt es eine Treppe, das erleichtert den Aufstieg zur DLRG-Station oben auf dem Süderdeich. Von hier oben haben die Rettungsschwimmerinnen und Rettungsschwimmer einen perfekten Überblick und können die ganze Badebucht einsehen. Am grünen Strand von Vollerwiek gibt es Strandkörbe, Sandkisten für Kinder und Duschen, um sich den Nordseeschlick und das Salzwasser abzuwaschen. Da die Wassertiefe nur langsam zunimmt, eignet sich diese Badestelle auch gut für Kinder. Die gemütliche Bucht wird auch „Vollerwieker Badeecke" genannt. Wem der Sandstrand von St. Peter-Ording zu überlaufen ist, findet hier ein ruhiges Plätzchen. Bei klarer Sicht geht der Blick bis zum Eidersperrwerk oder sogar bis nach Büsum in Dithmarschen.

Im Dorf Vollerwiek, einem anerkannten Luftkurort, leben nur gut 200 Menschen. An Ruhe und Beschaulichkeit mangelt es also nicht. Sehenswert ist die St.-Martin-Kirche, die auf das 12. Jahrhundert zurückgeht. Aus dieser Zeit stammen die Feld-

„Haubarg am Meer"

steinmauern, die später mit Backsteinen erweitert worden sind. Der beeindruckende gotische Klappaltar lässt sich auf das 15. Jahrhundert zurückführen. Ein echter Hingucker ist auch der „Haubarg am Meer" (Dorfstraße 5), in dem sich unter dem Reetdach gemütliche Ferienwohnung mit Kinderbetten in Alkoven, also historischen Schlafnischen, befinden.

Badestelle Vollerwiek

Wer noch immer das Glück sucht, kann auch dies in Vollerwiek entdecken. Der „Himbeerhof Jürgens" (Langer Weg 4) bietet nicht nur die Möglichkeit, selbst Himbeeren zu pflücken, sondern auch das „Glücks-Café" im Himbeerfeld zu besuchen. Wenn das noch nicht glücklich genug gemacht hat – am besten das „Beeren-Glück" in kleinen Gläsern kaufen und mit nach Hause nehmen – oder gleich die „Beeren-Liebe".

Info

Lage: Die Badestelle Vollerwiek befindet sich etwa 13 Kilometer westlich von Tönning: Süderdeich 7, 25836 Vollerwiek

Websites:

- *vollerwiek.de*
- *haubarg-am-meer.de*
- *himbeeren-nordsee.de*

33 Katinger Watt

NATURPARADIES MIT EIERGROG

Die „Schankwirtschaft Wilhelm Andresen", die älteste Kneipe an der schleswig-holsteinischen Nordseeküste, liegt mitten in einem Naturparadies. Wer hier den legendären Eiergrog genossen hat, sollte sich einen Spaziergang durchs Katinger Watt gönnen. Die Naturlandschaft besteht aus Prielen, Wiesen und einem Wald.

„Nur unten umrühren – nicht vermengen!" Volker Andresen legt großen Wert darauf, dass seine Gäste den Eiergrog richtig trinken. Die drei Zentiliter Rum sollen sich etwas absetzen „und dann trinken Sie den unteren Bereich durch den oberen hindurch", führt der Gastwirt weiter aus. Volker Andresen führt in vierter Generation die „Schankwirtschaft Wilhelm Andresen" in Kating, einem kleinen Vorort von Tönning. „Dann bekommen Sie automatisch einen Bart und wenn das gelingt, haben Sie alles richtig gemacht."

Schankwirtschaft Wilhelm Andresen

Der Eiergrog in der speziellen Andresen-Variante geht auf die Großmutter von Volker Andresen zurück. Auch der leckeren Trümmertorte liegt ein altes Rezept zugrunde. Und genau darin liegt das Geheimnis dieser urigen Wirtschaft, die sich in einem friesisches Langbauhaus aus dem 17. Jahrhundert befindet: Hier herrscht wirklich eine familiäre Atmosphäre. Die Möbel stammen aus früheren Generationen, die hier teilweise auch gewohnt haben.

Die Lizenz der „Schankwirtschaft Wilhelm Andresen" geht auf das Jahr 1613 zurück und die Wirtschaft ist damit die älteste an der schleswig-holsteinischen Nordseeküste, die durchgehend in Betrieb gewesen ist. Das Haus ist aber ein paar Jahrzehnte später an derselben Stelle neu entstanden. Vieles ist hier noch im Originalzustand, etwa die ca. 300 Jahre alten Delfter Kacheln mit ihren Blumenmotiven. Wer keinen Eiergrog trinken mag, kann sich auf eine gute Teeauswahl verlassen. Zu essen gibt es Schwarzbrot mit Krabben und Spiegelei oder Eiderstedter Lammsalami. Die Gäste fühlen sich hier wohl, so viel ist sicher, die Schankwirtschaft ist auch bei Einheimischen sehr beliebt. „Es macht Spaß, wenn es den Leuten gut geht", lautet Volker Andresens Motto.

Graugans mit Schaf

Die „Schankwirtschaft Wilhelm Andresen" liegt direkt im Katinger Watt. Diese idyllische Naturlandschaft an der Eider-

Wiese mit Kuckuckslichtnelken

Naturzentrum mit Ausstellung

mündung besticht mit ihren Tümpeln, Blumenwiesen und einem Waldstück. Hier tummeln sich tausende Vögel, die das Grünland als Brutflächen nutzen. Nur wenige hundert Meter weiter die Straße Katingsiel hinunter Richtung Landstraße L305 liegt das NABU Naturzentrum Katinger Watt, wo eine Ausstellung über Flora und Fauna in diesem Naturschutzgebiet informiert. Für Kinder gibt es eine Experimentierecke und Naturerlebnisspiele.

Wer die verschiedenen Vogelarten in Ruhe beobachten möchte, kann dies von drei Beobachtungshütten und einem 16 Meter hohen Turm aus bequem tun. Hier fühlen sich Säbelschnäbler, Lachmöwen, Graugänse, Enten und Lappentaucher heimisch. Übrigens ging es hier bis 1973 noch etwas rauer zu, denn bis zum Bau des Eidersperrwerks tobten im Katinger Watt noch Sturmfluten. Jetzt kommt man trockenen Fußes durch diese wunderschöne Landschaft, die sich bestens für

Schafe am Alten Eiderdeich

Wanderungen eignet. Das nächstgelegene Städtchen ist Tönning (wozu das Katinger Watt formell gehört), das sich auch bequem über einen Spaziergang erreichen lässt.

Beobachtungsturm

Übrigens: Sollte der Ausflug romantischer geraten – die „Schankwirtschaft Wilhelm Andresen" bietet auch Hochzeiten an. Das Standesamt Tönning schickt dann sein Personal in die Kachelstube des inzwischen berühmten Lokals.

Uferschnepfen im Anflug

Info

Lage: Das Katinger Watt liegt südwestlich vor Tönning an der Eider: Schankwirtschaft Wilhelm Andresen, Katingsiel 4, 25832 Tönning; NABU Naturzentrum Katinger Watt, Katingsiel 14, 25832 Tönning

Website: *schleswig-holstein.nabu.de/natur-und-landschaft/naturzentren-naturstationen-infos/katinger-watt*

34 Multimar Wattforum

WALE, WATT UND WELTNATURERBE

Mit einer neuen Fischotteranlage hat sich das Multimar Wattforum nochmals erweitert. Das Nationalpark-Zentrum in Tönning ist die größte Einrichtung dieser Art in Schleswig-Holstein und macht das Wattenmeer mit seiner Tier- und Pflanzenwelt erlebbar und erlernbar – und zwar für alle Generationen. Das Multimar Wattforum eignet sich bestens für die ganze Familie.

Es fühlt sich an wie ein Kinobesuch. Im Multimar Wattforum gibt es ein Großaquarium, in dem sich Nordsee-Meerestiere kreuz und quer durchs Wasser bewegen. Davor befindet sich eine abgedunkelte Tribüne, von der aus das Publikum alles verfolgen kann – wie bei einem Film.

An Spannung und Entertainment mangelt es also nicht in diesem großen Nationalpark-Zentrum, das einem alle Aspekte des Weltnaturerbes näherbringt. Wer sich hier umschaut und die Schaukästen und Modelle studiert, versteht, wie das Wattenmeer funktioniert, was die Salzwiesen so besonders macht und welche Pflanzen und Tiere sich in diesem weltweit einmaligen Lebensraum tummeln.

Ein besonders großes Meerestier wartet im Untergeschoss vom Wattforum. Hier schwebt das lebensgroße Modell eines Pottwals über den Köpfen der Besucherinnen und Besucher. Gerade Kinder sind schwer beeindruckt, wenn sie die Zähne des

Pottwal in Lebensgröße

Forschungslabor Wattenmeer

Wals mit ihren Händen umklammern und so langsam die gigantische Größe dieses Ozeanbewohners begreifen, der bis zu 20 Meter lang werden kann.

Beeindruckend ist aber auch der Seeadler, der hier als Präparat ausgestellt ist wie einige der anderen Tiere, die im Wattenmeer vorkommen. Bei einer ausgestopften Robbe heißt es auf einem Schild ausdrücklich: „Hier ist Streicheln erlaubt!“ Unter dem Motto „Wer ruft denn da?“ lassen sich sogar Vogelstimmen anhören. Zu den Stärken des Multimar Wattforums zählt immer wieder die Kinderfreundlichkeit. In jedem Bereich gibt es spielerische oder multimediale Angebote, die gerade jüngere Menschen ansprechen. Auch eine Forschungstour durchs Wattforum mit schulgerecht aufbereiteten Laborversuchen wird geboten. Wer sich danach etwas austoben will, kann das draußen auf dem originellen Spielplatz mit Wasserspielen und Leuchtturmrutsche tun.

Ein echtes Highlight sind die Fütterungen der Fische im großen 250.000-Liter-Aquarium. Dabei wird nicht etwa Futter ins Wasser gekippt, sondern professionelle Taucherinnen und Taucher steigen herab und liefern den einzelnen Meerestieren die richtige Nahrung – und erklären über eine Sprechanlage, was sie gerade tun. Das ist wirklich ein sehenswertes Spektakel. Es gibt auch ganz klassische Führungen durch die Exponate und die Möglichkeit, die hier präsentierte Unterwasserwelt bei Nacht zu erleben.

Eine weitere Attraktion im Multimar Wattforum ist die großzügige Fischotteranlage mit Innen- und Außenbereich, die dieser ans Wasser angepassten Marderart ein neues naturnahes Zuhause bietet. Der Otter galt bis vor Kurzem als nahezu ausgestorben in Schleswig-Holstein, aber inzwischen nimmt der Bestand wieder zu und besiedelt munter die Küstenbereiche.

Wer sich seine Lieblingsnordseetiere mit nach Hause nehmen will, kann das tun – allerdings nur die Stofftier-Versionen von Robbe und Oktopus im Shop.

Fütterung im Großaquarium

Info

Lage: Im Nordosten von Tönning liegt das Multimar Wattforum, von Husum aus sind es etwa 25 Kilometer: Dithmarscher Straße 6Aa, 25832 Tönning

Website: *multimar-wattforum.de*

35 Tönninger Packhaus

DER LÄNGSTE ADVENTSKALENDER DER WELT

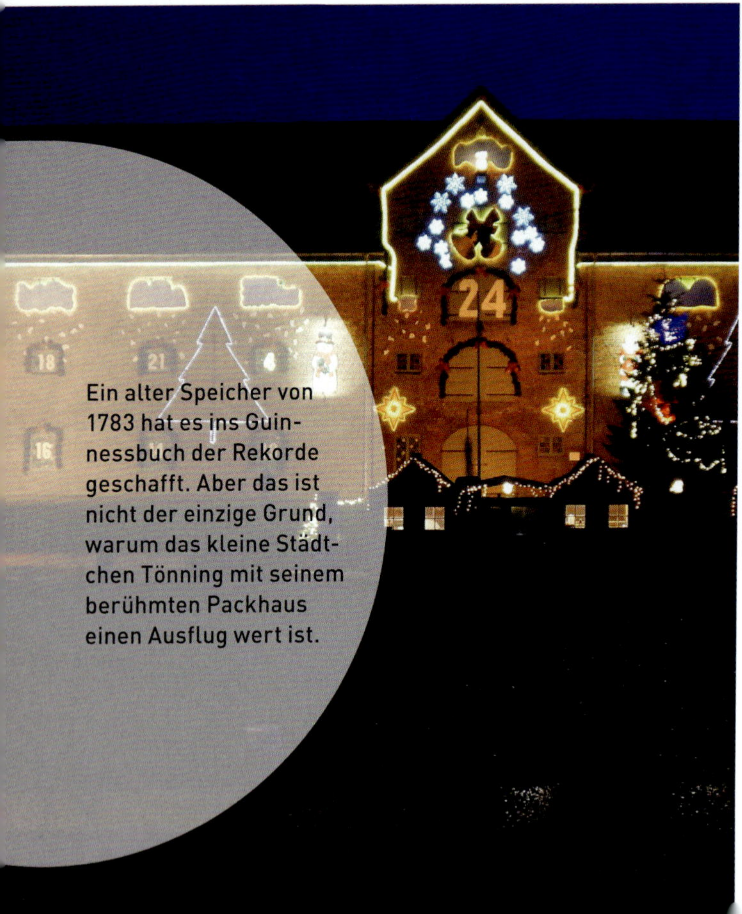

Ein alter Speicher von 1783 hat es ins Guinnessbuch der Rekorde geschafft. Aber das ist nicht der einzige Grund, warum das kleine Städtchen Tönning mit seinem berühmten Packhaus einen Ausflug wert ist.

Tönning ist auf jeden Fall eine der schönsten Hafenstädte an der schleswig-holsteinischen Nordseeküste. Es liegt direkt an der Eider, jenem Fluss, der die Halbinsel Eiderstedt vom südlich gelegenen Dithmarschen trennt, und besticht mit einem kleinen Binnenhafen.

Schifferhaus (Skipperhus) am Hafen

Genau dort, auf einer Landzunge zwischen Eider und Hafenbecken, liegt das Tönninger Packhaus. Ein 77 Meter langer Speicher aus dem Jahr 1783, der ganz klassisch für den Warenumschlag im Hafen diente und nach wie vor das Wahrzeichen von Tönning darstellt. Die Stadt profitierte damals stark von dem Ausbau der Eider durch den Eiderkanal im Jahr 1784. Damit war Tönning mit der Stadt Rendsburg verbunden und auch mit Kiel an der Ostsee, wo übrigens ein fast baugleiches Packhaus steht. Um die 4000 Schiffe pro Jahr nutzen diese Route.

Das Packhaus steht somit für den einstigen Reichtum der Stadt, jedenfalls bis der deutlich breitere und tiefere Nord-Ostsee-Kanal 1895 unter dem Namen Kaiser-Wilhelm-Kanal eröffnet wurde. Bis dahin war Tönning für die Handelsschifffahrt auch deswegen wichtig, weil hier der letzte Hafen vor der Nordsee lag. Viele Frachtschiffe nutzten die Gelegenheit, um in Tönning nochmal die Vorräte aufzufüllen und das Schiff instand zu setzen.

Packhaus im Frühling

Noch heute zeugen die herrschaftlichen Häuser in der Hafengegend von dem früheren Glanz der Stadt, wie etwas das Skipperhus (Am Hafen 30) mit seinem Glockenturm oder das Schifffahrtsamt (Am Hafen 40) mit seiner schönen weißen Giebelfassade. In der Neustraße stehen noch Stufengiebelhäuser nach niederländischem Vorbild (ähnlich wie in Friedrichstadt). Das Packhaus selbst hat eine rote Backsteinfassade mit großen grünen Türen und Fenstern. In der Adventszeit blüht das große Gemäuer förmlich auf, denn dann dekoriert der Förderverein die Fassade zum Adventskalender um.

Zum ersten Mal geschah dies vor über einem Vierteljahrhundert im Jahr 1997. Damals veranstaltet der Verein auch gleich einen Weihnachtsmarkt im Packhaus, das verteilt auf drei Etagen etwa 4000 Quadratmeter Fläche bietet. Von außen erstrahlte der alte Speicher in klassischer Weihnachtsbeleuchtung mit dem besonderen Clou, dass die 24 Türen und Fenster nun auch als Türchen eines Adventskalenders dienten. Das reichte nicht nur sofort für einen Eintrag als „längster Adventskalender der Welt“

Wasser- und Schiffahrtsamt

ins Guinnessbuch der Rekorde, sondern begründete eine Tradition, die bis heute angehalten hat.

Im Obergeschoss hat sich das Museum für Tönninger Stadtgeschichte eingerichtet und präsentiert die wechselvolle Historie der kleinen Stadt an der Eider. Die Dauerausstellung reicht zurück bis zur Wikingerzeit. Neben dem Packhaus stehen im Tönninger Hafen noch ein paar andere Zeitzeugen, nämlich verschiedene Kräne, die aber nur noch Denkmalcharakter haben. Die dem Hafenbecken gegenüberliegende Uferseite bietet Kunst: die „Seehundfamilie" von Ernst Paulduro und Ursula Krabbe-Paulduro.

Seehundfamilien-Skulptur

Info

Lage: Das Tönninger Packhaus liegt direkt im Hafen der kleinen Küstenstadt, die sich etwa 25 Kilometer südlich von Husum befindet: Am Eiderdeich 18, 25832 Tönning

Websites:

- *packhaus-tönning.de*
- *toenninger-stadtgeschichte.de*

Düne auf der Insel Trischen

Dithmarschen

36. Hebbelstadt Wesselburen: Kohl und Kultur erleben in der kleinsten Stadt Dithmarschens
37. Familienlagune Perlebucht: Sonnenbaden und Kite-Surfen vor Büsum
38. Seehundstation Friedrichskoog: Hilfe für Heuler
39. Marschenbahn-Draisine: von Marne nach St. Michaelisdonn
40. Heide: die Kreisstadt mit Deutschlands größtem Marktplatz
41. Steinzeitpark Dithmarschen: Archäologie zum Anfassen
42. Meldorf: die Kulturhauptstadt von Dithmarschen
43. Brunsbüttel: Schleusenstadt am Nord-Ostsee-Kanal

Oldenswort
Dahrenwurth
Friedrichstadt
Bergenhusen
Alte Sorge-Schleife
Sandwehle
Tönning
Schlichting
EIDER
Erfde
Katingsiel
Naturschutzgebiet Dithmarscher Eidervorland mit Watt
BROKLANDSAU
36
Wesselburen
40
Heide
Wellerhop
Hellschen
Norderwöhrden
Süderrade
23
41
Albersdorf
Pemeln
37
Ketelsbüttel
RIESEWOHLD
Büsum
42
Tensbüttel
Meldorf
Oersdor
SÜDERAU
Dückerswisch
38
39
Burg (Dithmarschen)
Sankt Michaelisdonn
Dieksanderkoog
39
Marne
43
Wilster
Neufelderkoog
Brunsbüttel
Sankt Margarethen
MEDEMRINNE
ELBE
Brokdorf
NÖRDLICHER SIELGRABEN
Wewelsfleth
Hadelner und Belumer Außendeich
Altenbruch
Balje
Freiburg (Elbe)
Otterndorf
Neuhaus (Oste)

36 Hebbelstadt Wesselburen

KOHL UND KULTUR IN DER KLEINSTEN STADT DITHMARSCHENS

Wesselburen steckt voller Überraschungen. Hier begann nicht nur die Geschichte des Dramatikers Friedrich Hebbel, sondern auch die des Kohlanbaus von Dithmarschen. Zudem ist das kleine Städtchen hübsch anzuschauen mit seiner besonderen Kirche und vielen historischen Häusern.

Ja, das Kollosseum in Rom stand wohl Pate bei der Wortschöpfung. Am Stadtrand von Wesselburen befindet sich eine alte Fabrik mit Bauernmarkt im Erdgeschoss und einem Kohlmuseum im Obergeschoss. Letzteres nennt sich „KOHLosseum". Ganz so bombastisch wie der Name es vermuten ließe, ist das Museum aber auch wieder nicht. Auf einer Etage lassen sich alte landwirtschaftliche Geräte und Dokumente zur Geschichte des Kohlanbaus in Dithmarschen besichtigen, denn tatsächlich hatte ein findiger Wesselburener die Idee, hier Kohl im großen Stil anzupflanzen. Bis heute liegt in Dithmarschen das größte zusammenhängende Kohlanbaugebiet Europas.

KOHLosseum

Einen Besuch lohnt aber erst recht der Bauernmarkt im Erdgeschoss. Hier gibt es wirklich alles, was man mit Kohl produ-

Bauernmarkt im KOHLosseum

zieren kann: Vom klassischen Sauerkraut über Hautsalbe und Weißkohlshampoo bis hin zu Kohlmarmelade und „Suurkruut Bonsche", also Bonbons mit Sauerkraut. Auch andere regionale Produkte gibt es in der ehemaligen Sauerkrautfabrik im Angebot, darunter auch Backwaren und flauschige Lammfelle. Wer seinen Nordseeurlaub in einer Ferienwohnung verbringt, sollte hier unbedingt vorbeischauen und das nächste Familiendinner mit Dithmarscher Erzeugnissen kreieren.

Kirche mit Zwiebelturm

Ein echter Hingucker von Wesselburen ist die Kirche im Zentrum des Ortes, in dem nur 3200 Menschen leben und der damit den inoffiziellen Beinamen „kleinste Stadt Dithmarschens" trägt. Die St.-Bartholomäus-Kirche aus dem Jahr 1738 fällt mit ihrem kleinen Zwiebelturm auf. Um die Kirche herum finden sich einige sehenswerte historische Häuser, darunter das Restaurant Ulmenklause und die Amtsverwaltung Büsum-Wesselburen.

Der wohl schönste Ort Wesselburens, um Kuchen zu essen, ist das Hebbel Café (Mittelstraße 2), das sich ebenfalls noch in Sichtweite der Kirche befindet. In dem urigen Gemäuer gibt es alte Dielenböden, hohe Decken und viele Biedermeier-Sofas, die eine historische Wohnzimmer-Atmosphäre schaffen. Wer dann noch auf den Spuren des Dichters und Dramatikers Friedrich Hebbel wandeln möchte, der 1813 in Wesselburen zur Welt gekommen ist, kann dies ein paar Schritte weiter im Hebbel-Museum tun. Das Museum befindet sich in der ehemaligen Kirchspielvogtei, wo Hebbel ein paar Jahre als Schreiber gearbeitet hat und wo auch seine ersten Gedichte entstanden sind. Die Ausstellung erstreckt sich über zehn Räume und zeichnet das Leben des aus ärmsten Verhältnissen stammenden ehemaligen Maurerlehrlings nach, der später bedeutende Theaterstücke wie „Agnes Bernauer" und „Maria Magdalena" verfasste.

Hebbel Café

Lage: Wesselburen liegt im Nordwesten vom Landkreis Dithmarschen, etwa elf Kilometer von Büsum entfernt.

Info

Websites:

- *wesselburen.de*
- *kohlosseum.de*

37 Familienlagune Perlebucht

SONNENBADEN UND KITE-SURFEN VOR BÜSUM

Eigentlich ist das Dithmarscher Hafenstädtchen Büsum nur von einem grünen Strand umgeben. Inzwischen gibt es aber auch eine vorgelagerte kleine Sandlandschaft, die mit dem Festland eine Lagune bildet.

Bei dem Begriff „Lagune" denkt man eher an tropischere Gefilde als an die Nordseeküste, aber streng genommen verbirgt sich hinter diesem Ausdruck nur ein flaches Gewässer, das weitgehend vom Meer abgetrennt ist. Und genau das ist bei der Familienlagune Perlebucht im Nordwesten von Büsum der Fall. Die

Laguneninsel vor Büsum

vorgelagerte Laguneninsel ist durch Sandaufschüttungen in den 1970er-Jahren entstanden. Zwischen Insel und Küste liegt nun ein ruhiges Gewässer, das tidenunabhängig ist. Das heißt, dass auch bei Ebbe die Lagune mit Wasser gefüllt ist und Gäste immer baden können. Vor zehn Jahren ist die Insel nochmals grundlegend erneuert worden. Jetzt gibt es auch kleine kompakte Holzbauten mit Bar, Bistro und DLRG-Station.

Über einen breiten Damm, der einmal quer durch die Lagune läuft, ist es möglich, ganz bequem vom grünen Strand an der Büsumer Küste auf die Laguneninsel zu gelangen. Hier gibt es dann tatsächlich richtigen Sand, wie man ihn sonst auf einem

Strand finden würde. Somit gleicht die Perlebucht mit ihrer halbwegs künstlichen Insel ein kleines Manko von Büsum aus – denn hier gibt es ja ansonsten nur einen grünen Strand mit Gras.

Die Laguneninsel ist in mehrere Bereiche unterteilt. Das hat den Vorteil, dass Familien ungestört in der Dünenlandschaft spielen, grillen oder picknicken können und sportliche Gäste sich mit sicherem Abstand zum Beispiel beim Beachvolleyball austoben können. Im Norden der Insel gibt es auch ein naturbelassenes Areal mit Salzwiese. Und selbstverständlich bietet die Insel reichlich Strandkörbe zum Ausruhen, auch Strandschlafkörbe lassen sich mieten für eine romantische Übernachtung direkt am Wasser. Eine breite Treppe führt zur Meerseite in die Nordsee beziehungsweise ins Wattenmeer.

Eins von vier Ballsportfeldern

Insgesamt verfügt die Lagune über eine Wasserfläche von hunderttausend Quadratmetern. Das Wasser wird übrigens alle zwei Wochen ausgetauscht über zwei kleine Schleusen. Die Lagune ist zur Hälfte für Badegäste reserviert, während

Glücksstuhl in Übergröße

der andere Teil ein Paradies für Wassersportler darstellt. Wer sich im Kite- oder Windsurfen ausprobieren will, kann sich bei der Wassersportschule anmelden, die sich sich direkt auf der Laguneninsel befindet. Auch Stand-up-Paddling steht auf dem Programm.

Info

Lage: Die Familienlagune Perlebucht ist direkt von Büsum erreichbar. Der steinerne Steg durch die Lagune beginnt auf der Höhe der Nordseestraße 90, 25761 Büsum, wo sich das sehr empfehlenswerte Bistro „Fofftein Deli" befindet.

Websites:

- *familienlagune.de*
- *wassersport-buesum.de*

38 Seehundstation Friedrichskoog

HILFE FÜR HEULER

Leider ist die Nordsee als Lebensraum nicht immer besonders familienfreundlich. Das bekommen immer wieder Seehunde und Kegelrobben zu spüren, wenn sie etwa bei einer Sturmflut von ihren Jungtieren getrennt werden. Diese „Heuler" sind allein nicht überlebensfähig, bekommen aber in der Seehundstation Friedrichskoog eine zweite Chance.

Manche sind nur ein oder zwei Wochen alt, wenn sie hierherkommen. Zum Glück gibt es in der Seehundstation Friedrichskoog medizinisch ausgebildetes Personal, das sich um die verwaisten Tiere kümmert. Etwa 70 Tage brauchen die kleinen Robben, um genug Kraft zu tanken und groß genug zu werden, damit sie sich in ihrem natürlichen Lebensraum selbst versorgen können. Ein längerer Zeitraum wäre kontraproduktiv, denn dann gewöhnen sich die Tiere zu sehr an die Menschen und könnten ihre Eigenständigkeit wieder verlieren.

Neues Eingangsgebäude

Deswegen ist der Aufzuchtbereich auch nicht öffentlich zugänglich, aber die Seehundstation betreibt noch zwei Dauerhaltungsbecken, wo die Tiere munter umherschwimmen, die als ständige Bewohner in der Station bleiben. Hier können Gäste die Seehunde und Kegelrobben (übrigens sind auch Seehunde eine Robbenart) relativ nah kommen – und sie sogar unter der Wasseroberfläche beobachten, denn in der Beckenwand ist ein Fenster eingelassen.

Die Seehundstation Friedrichskoog besteht schon seit 1985, 2020 gab es eine Rundumerneuerung und Erweiterung. Seitdem stehen hier ein hölzernes Eingangsgebäude und ein Ausstellungshaus mit dem „Robbenblick" – einer 20 Meter lange Glasfront im

Obergeschoss. Von hier hat man die perfekte Sicht über die beiden Dauerhaltungsbecken und kann auch den Aufzuchtbereich aus sicherer Entfernung beobachten. Ein besonderes Highlight sind dabei die Fütterungen. Aber auch die interaktive Ausstellung lohnt einen Besuch.

Der Name „Heuler" für die Jungtiere, die während der Säugezeit von der Mutter dauerhaft getrennt werden, rührt daher, dass ihre Laute wie menschliches Heulen klingen. Tatsächlich hat dies bei Robben aber eine andere Bedeutung, denn in ihrer Welt ist dies ein ganz normaler Kontaktlaut des Jungtieres, mit dem es seine Mutter ruft.

Drei Heuler

Um die 150 Heuler werden gleichzeitig in Friedrichskoog aufgepäppelt, manchmal kommen 15 neue Jungtiere an einem Tag in die Seehundstation. Der Bedarf ist also groß und es ist wirklich anrührend zu sehen, wie die engagierten Mitarbeiterinnen und Mitarbeiter die verlorenen Seelen mit Brei aus der Flasche vor dem Verhungern retten.

Mareike und Nemi

Die Seehundstation Friedrichskoog ist inzwischen ein offizielles Nationalpark-Haus und eine anerkannte Bildungseinrichtung für Nachhaltigkeit. Die gemeinsame Haltung von Seehunden und Kegelrobben ist einmalig in Deutschland. Neben der Aufzucht wird hier auch Forschung betrieben, um diese besonderen Tiere noch besser verstehen und schützen zu können.

Info

Lage: Die Seehundstation Friedrichskoog befindet sich an der südwestlichen Küste von Dithmarschen, etwa 13 Kilometer nordwestlich der Kleinstadt Marne: An der Seeschleuse 4, 25718 Friedrichskoog

Website: *seehundstation-friedrichskoog.de*

HINWEIS: Wer nach dem Besuch in der Seehundstation selbst schwimmen möchte, sollte in Friedrichskoog-Spitze vorbeischauen. Dieser Teil von Friedrichskoog direkt an der Westküste verfügt über einen grünen Badestrand mit reichlich Strandkörben.

39 Marschenbahn-Draisine

VON MARNE NACH ST. MICHAELISDONN

Per Pedalkraft durch Dithmarschen: Das geht nicht nur mit dem Fahrrad, sondern auch mit der Draisinenbahn, die etwas außerhalb von Marne startet und sich neun Kilometer bis nach St. Michaelisdonn schlängelt.

Der Traum, Lokführer oder Lokführerin zu werden, lässt sich in Dithmarschen leicht realisieren. Eine Ausbildung ist nicht notwendig, denn die Marschenbahn-Draisine fährt sich wie ein Fahrrad auf Schienen. Die einzelnen Gefährte erinnern ein bisschen an die Wagen in einer Achterbahn, nur dass man hier selbst für die Fortbewegung sorgen muss.

Eine Draisine bietet Platz für vier erwachsene Personen, von denen aber nur zwei in die Pedale treten müssen – die anderen beiden können einfach nur die Landschaft mit ihren Weiden, Blumen und Gräsern genießen. Ursprünglich hatte diese Bahnstrecke natürlich einen anderen Hintergrund, sie diente dem Transport von Zuckerrüben, später gab es auch Personenzüge, aber diese Ära endete in den 1960er-Jahren.

Draisine mit Segel

Seit 2004 ist die alte Marschenbahn-Strecke zwischen Marne und St. Michaelisdonn wieder im Betrieb. Mit der Draisine lässt sich die Strecke theoretisch in 70 Minuten schaffen, dabei hilft ein einsteckbares Segel ein wenig mit, denn der Wind ist quasi allgegenwärtig in dieser Region. Es gibt zwar die Option, eine Hin- und Rückfahrt zu buchen, aber eine Strecke reicht völlig aus, um ein schönes Naturerlebnis zu bekommen.

Außerdem rundet es den Draisinenausflug ab, sowohl Start- als auch Zielort zu besuchen. Marne in der Südermarsch ist in der Region weithin bekannt, denn hier entsteht das „Dithmarscher

Pilsener" in einer Privatbrauerei aus dem Jahr 1884. Hier gibt es regelmäßig Führungen und Verkostungsevents. Am Marktplatz von Marne befindet sich ein imposantes Rathaus im Neobarockstil mit einer wuchtigen Backsteingiebelfront aus dem Jahr 1915. Ein Unikum ist das „Heimatmuseum Marner Skatclub", das ein Sammelsurium aus der Marner Stadtgeschichte beherbergt – von alten Bauernmöbeln über Münzen bis hin zu Kunstgegenständen. Noch skurriler ist die Tatsache, dass Marne die nördlichste Karnevalshochburg Deutschlands darstellt. Tatsächlich wird hier der Rosenmontag so zelebriert wie im Rheinland: Das Rathaus wird von den Karnevalisten gestürmt und nach Einnahme der Stadtkasse setzt sich ein großer Rosenmontagsumzug in Bewegung. Auch das ist Dithmarschen.

Am Markt in Marne

St. Michaelisdonn, der Zielbahnhof der Draisinentour, liegt auf der Grenze vom niedrigeren Marschland und der etwas höheren Geest. Der Geestrand war früher die Nordseeküste, die durch

Holländermühle „Edda"

die Eindeichungen nun ein paar Kilometer weiter weggerückt ist. Die größte Sehenswürdigkeit ist die Holländermühle „Edda", die gleichzeitig den Startpunkt für mehrere Wanderwege bildet. Besonders der 33 Meter hohe Spiekerberg bietet bei klarer Luft einen atemberaubenden Ausblick in die Marsch. Wer sich für alte Geheimbünde interessiert, sollte das Freimaurer-Museum (Meldorfer Straße 2) aufsuchen – das größte seiner Art in Deutschland und das drittgrößte in Europa. Dithmarschen von oben anzuschauen, ist auch möglich, denn St. Michaelisdonn hat einen kleinen Sportflugplatz („Hopen"). Betreiber ist der Dithmarscher Luftsportverein.

Info

Lage: Draisinenbahnhof Marne, Bahnhofstraße 41, 25709 Marne; Draisinenbahnhof St. Michaelisdonn, Poststraße 18a, 25693 St. Michaelisdonn

Website: *marschenbahn-draisine.de*

40 Heide

DIE KREISSTADT MIT DEUTSCHLANDS GRÖSSTEM MARKTPLATZ

Der niederdeutsche Dichter Klaus Groth hat hier gelebt und Johannes Brahms kam regelmäßig zu Besuch: Heide hat viel Kulturhistorie zu bieten und hält den Rekord des größten Marktplatzes der Republik: 4,7 Hektar misst die zentrale Fläche, auf der alle zwei Jahre der „Heider Marktfrieden" stattfindet – ein historisches Spektakel, das an die Blütezeit der Bauernrepublik erinnert.

Wenn mehr als 200.000 Menschen nach Heide strömen, um in den historischen Markt einzutauchen, dann hat sich die Kreisstadt bevölkerungsmäßig verzehnfacht. Schließlich leben in dem Verwaltungssitz des Kreises Dithmarschen nur knapp 22.000 Einwohnerinnen und Einwohner. Aber beim „Heider Marktfrieden“, der alle zwei Jahre am zweiten Juli-Wochenende stattfindet, verschwimmen die Grenzen zwischen Einheimischen und Touristen ohnehin. Alle Menschen in der Stadt begeben sich dann auf eine Zeitreise ins 15. und 16. Jahrhundert. Dafür legt sich die Stadt mächtig ins Zeug. Drei Tage lang gibt es mittelalterliches Kunsthandwerk zu bewundern, eine historische Bauernhochzeit, Gaukler, Freilichttheateraufführungen und ein farbenprächtiger Festumzug durch die Stadt. Für Mittelalterfans bleiben keine Wünsche offen.

Wasserturm

Außerhalb dieses Spektakels nutzt die Stadt ihren gigantischen Marktplatz für einen Wochenmarkt, der jeden Samstag stattfindet – seit mehr als 500 Jahren. Direkt am Marktplatz ist die weiße St.-Jürgen-Kirche mit ihrem Zwiebeltürmchen ein kleines Highlight. Für Burger-Freunde ist der Marktpirat die richtige Anlaufstelle. Thorsten Ehlers, ein echter Dithmarscher, fabriziert hausgemachte Burger mit regionalen Zutaten. Etwas nördlich vom Marktplatz befindet sich der historische Wasserturm von Heide – der größte in Schleswig-Holstein – aus dem Jahr 1903. Inzwischen dient er nicht mehr als Wasserspeicher, sondern als exklusive Büroadresse und beherbergt ein besonderes Standesamt mit einem zartrosa gestrichenen Trauzimmer auf der obersten Ebene im ehemaligen Wassertank. Mit 45 Metern Höhe überragt der Wasserturm sogar die Kirche um vier Meter, aber keine Sorge, bis zur achten Ebene gibt es einen Lift.

Museumsinsel Lüttenheid

Eine Besonderheit bildet in Heide die kleine „Museumsinsel Lüttenheid“, die nicht wie in Berlin eine von Wasser umspülte Insel ist, sondern einfach mehrere ehemals eigenständige Museen gebündelt hat, darunter das Geburtshaus des niederdeutschen Dichters Klaus Groth sowie das Heider Heimatmuseum. Klaus Groth (1819–1899) setzte sich dafür ein, dass die niederdeutsche Literatur der hochdeutschen gleichgestellt wird und verfasste selbst einige bedeutende Werke auf

Geburtszimmer von Klaus Groth

Plattdeutsch. Er schaffte es vom Müllersohn zum Ehrendoktor an der Kieler Universität. Im Klaus-Groth-Museum, einem schönen Gebäude aus dem Jahr 1796, sind einige Räume wie zu Lebzeiten Groths rekonstruiert worden.

In derselben Straße befindet sich auch das Brahms-Haus, das nördlichste Musikermuseum Deutschlands, das der Familie von Johannes Brahms (1833–1897) gehört hat. Der Hamburger Komponist war hier häufig zu Besuch und pflegte eine lebenslange Freundschaft mit Klaus Groth. Auch das Brahms-Haus ist so ausgestattet, wie Brahms es erlebt haben muss. Brahms, der schon zu Lebzeiten mit Ludwig van Beethoven auf eine Stufe gestellt worden ist, bewegte sich zwischen Hamburg und der Schweiz und lebte zuletzt in Wien, aber die kleine Dithmarscher Stadt hatte er in sein Herz geschlossen. In einem Brief aus dem Jahr 1865 schrieb er: „Liebster Vater, ich weiß mich auf Heide besser zu besinnen als auf manche Stadt, wo ich länger war."

Info

Lage: Die Kreisstadt Heide liegt an der Bahnstrecke Hamburg-Westerland (Marschbahn) und ist erreichbar über die Bundestraßen 5 und 203.

Websites:

- *heide.de*
- *heider-marktfrieden.de*
- *marktpirat.de*
- *museumsinsel.heide.de*

HINWEIS: Wer auf den Spuren des berühmten Dichters wandeln möchte, sollte den 16 Kilometer langen Klaus Groth-Wanderweg beschreiten, der an seinem Geburtshaus (Lüttenheid 48) startet und in Tellingstedt endet. Diesen gut ausgeschilderten Weg, der an Moorkuhlen und Waldstücken vorbeiführt, soll Klaus Groth regelmäßig zurückgelegt haben.

41 Steinzeitpark Dithmarschen

ARCHÄOLOGIE ZUM ANFASSEN

Im Frühjahr 2023 ist das „Steinzeithaus" an den Start gegangen. Das Ausstellungs- und Bildungszentrum macht den Steinzeitpark in Albersdorf zu einer wissenschaftlichen Einrichtung. Daneben existiert eine 40 Hektar große Freifläche mit archäologischer Erlebniswelt, die sowohl für Erwachsene als auch für Kinder spannende Überraschungen bereithält.

Das Leben vor 5000 oder 7000 Jahren lief gänzlich anders als heute. Soviel ist klar. Aber wie genau haben die Menschen damals in der Steinzeit gelebt? Genau das vermittelt der Steinzeitpark Dithmarschen. Für Kinder gibt es dafür kleine Workshops: „Wir machen eine richtige Zeitreise und nehmen die Kinder mit", erklärt Katja Thode, Museumspädagogin bei der AÖZA gGmbH, die den Steinzeitpark betreibt. „Hierbei machen die Kinder die Erfahrung, dass man alles, was man zum Leben braucht, in der Natur finden kann." Und schon bauen die kleinen Zeitreisenden eine Hauswand aus Holzzweigen, die zwischen Baumstämme geklemmt werden müssen – eine Aufgabe, die sich nur im Team lösen lässt. „Die Menschen mussten damals viel zusammenarbeiten", sagt Katja Thode. „Bei uns können die Kinder das nacherleben. Dabei kann jedes Kind seine besonderen Stärken einbringen und einem anderen Kind weiterhelfen. Dafür bietet die Steinzeit den perfekten Hintergrund."

Aber auch für Erwachsene ist ein Rundgang im Steinzeitpark eine spannende Erfahrung, denn in jeder Hütte sitzen „Steinzeitmenschen", die Alltagsgegenstände herstellen und einen zuschauen

Lehmhütte aus der Steinzeit

Alltag vor 6000 Jahren

lassen. Dafür beschäftigt das Freilichtmuseum eine ganze Reihe von Museumspädagoginnen und -pädagogen, die Spaß daran haben, in möglichst authentischer Steinzeitkleidung in Erscheinung zu treten. Kleine und große Zeitreisende lernen alles zum Thema Jagd, Ackerbau, Feuer machen, Schmuck herstellen und das klassische Steinzeit-Abendessen.

Seit dem Frühjahr 2023 betreibt der Steinzeitpark ein ungewöhnliches Museumsgebäude auf dem Gelände. „Die architektonische Idee ist dabei von den steinzeitlichen Vorbildern im Steinzeitdorf inspiriert", erklärt Dr. Rüdiger Kelm, Diplom-Prähistoriker und Museumsleiter. „Einmal sind es die kantige Form und die graue Farbe des Gebäudes, die an das Material Feuerstein erinnert, und dann auch die Form des Pultdaches im Ausstellungsteil, das von außen ein Grasdach aufweist und im Inneren klar an die Bauweise der Steinzeithäuser mit entsprechenden tragenden Holzbalken erinnert." Im Museumsgebäude erwartet die Gäste eine Dauerausstellung, die auf anschauliche Weise einen Einblick in die unterschiedlichen Epochen der Steinzeit in der Region, aber auch in ganz Schleswig-Holstein gibt. „Das Leitthema ist dabei die Wechselwirkung zwischen Menschen und Umwelt, die sich über

Neues Steinzeithaus

die jeweils sehr unterschiedlichen Klimaverhältnisse und Vegetationsformen in den beschriebenen Epochen besonders intensiv erzählen lässt", verdeutlicht Dr. Rüdiger Kelm.

Die Ausstellung im Steinzeithaus erzählt dabei die Geschichte der Dithmarscher Landschaft und der Menschen, die sie bewohnten und in und von ihr lebten. Der Bogen reicht von den Neandertalern bis zum Beginn der Bronzezeit. Zu sehen ist etwa der besterhaltene Auerochsenschädel aus der Steinzeit Deutschlands, gefunden in Barkenholm (Dithmarschen). Im neuen „Steinzeithaus", wie der Museumsbau offiziell heißt, gibt es viele Möglichkeiten, die Steinzeit im wahrsten Sinne des Wortes zu begreifen. Im „Steinzeitbaumarkt" liegen die typischen Materialien wie Flintstein, aus denen die Steinzeitmenschen Waffen und sonstige Alltagsgegenstände hergestellt haben. Museumsbesucher dürfen sie anfassen, um einen haptischen Eindruck zu bekommen.

Multimediale Ausstellung

Die Kombination aus lebendigem Freiluftmuseum und interaktiver Ausstellung macht den Steinzeitpark zu einer fundierten und nachhaltigen Erfahrung. Das pädagogische Programm ist wirklich bewundernswert.

Info

Lage: Am Südrand von Albersdorf befindet sich der Steinzeitpark, etwa 15 Kilometer südöstlich von Heide: Süderstraße 47, 25767 Albersdorf

Website: *steinzeitpark-dithmarschen.de*

42 Meldorf

DIE KULTURHAUPTSTADT VON DITHMARSCHEN

Vor der Landgewinnung über die Eindeichung war Meldorf eine Küstenstadt. Jetzt ist die Nordsee ganze sechs Kilometer entfernt. In der kleinen Stadt gibt es einen (inoffiziellen) Dom mit Konzertprogramm und auch sonst hat Meldorf einige kulturelle Highlights zu bieten – von der Kulturkneipe über das Freilichtmuseum bis hin zur Museumsweberei im Alten Pastorat.

Knapp 7300 Menschen leben in Meldorf und sind stolz auf ihren Ort, denn Meldorf gilt als die Kulturhauptstadt Dithmarschens. Tatsächlich finden sich hier überdurchschnittlich viele kulturelle Events, aber auch besondere Museen und historische Gebäude. An erster Stelle steht natürlich der „Meldorfer Dom“, der sich direkt am Marktplatz befindet. Auch dies ist wie die Kulturhauptstadt ein inoffizieller Titel, denn die Kirche ist zwar die größte an der schleswig-holsteinischen Nordseeküste und sieht als Barockgotik-Bauwerk imposant aus, aber von einem Dom im eigentlichen Sinne ist nur die Rede, wenn es sich um einen Bischofssitz handelt. Das war in Meldorf allerdings nie der Fall, dennoch ist das Gebäude absolut sehenswert. Das Urgebäude stammt aus dem 13. Jahrhundert, während der Kirchturm nach einem Brand 1866 neu errichtet werden musste und nun stolze 59 Meter misst. Die gute Akustik hat auch das renommierte Schleswig-Holstein-Musikfestival für sich entdeckt. Die St.-Johannes-Kirche in Meldorf (so der offizielle Name) ist eine der Spielstätten, die sich über das ganze Bundesland erstrecken (sich aber größtenteils in der Ostseeregion befinden). Hinzu kommen Sommerkonzerte, die hier jedes Jahr stattfinden.

Meldorfer Dom

Nur hundert Meter weiter befindet sich das Alte Pastorat, eines der schönsten Fachwerkhäuser von Meldorf (Papenstraße 2). Der imposante Gebäudekomplex besteht aus drei Teilen aus verschiedenen Jahrhunderten – der älteste Teil stammt von 1350, der jüngste Anbau aus dem Jahr 1935. In letzterem befindet sich

Museumsweberei

Jacquard-Webstuhl

die Museumsweberei mit einem noch intakten 150 Jahre alten Webstuhl. Die Stiftung Mensch betreibt die Werkstatt, in der tatsächlich weiterhin Webwaren entstehen, die im angeschlossenen Laden erhältlich sind. So ein historisches Gerät in Aktion zu sehen, ist eine echte Erfahrung. Mit seinen Lochkarten gilt der hiesige Hand-Jacquard-Webstuhl sogar als Vorläufer des Computers. „Der Ort ist ein Sinn-Ort", sagt Dorothee Martens-Hunfeld von der Stiftung Mensch. „Er zeigt, was für kluge Techniken Menschen schon vor weit über hundert Jahren entwickelt haben. Sie sind die Grundlage unseres heutigen Wohlstandes."

Noch etwas weiter zurück in den Jahrhunderten bewegt sich das „Dithmarscher Landesmuseum", das sich in einem eigens hierfür gebauten Museum von 1872 befindet (Bütjestraße 2–4). Hier sind historische Wohnräume, eine alte Kneipe und ein Gerichtssaal aus dem 16. Jahrhundert integriert. Das macht Geschichte tatsächlich erlebbar. Neben wechselnden Sonderausstellungen finden hier auch Konzerte und Lesungen statt. Einen Ausflug wert ist auch das Dithmarscher Bauernhaus von 1850 am westlichen Stadtrand Meldorfs, das im Jahr 1907 von Oster-

Landesmuseum von 1872

rade hierher umgesetzt worden ist und nun als Freilichtmuseum dient. Es gehört zum benachbarten Landwirtschaftsmuseum (Jungfernsteig 4).

Das originellste Museum Meldorfs ist das „Löffelarium" in der Domgoldschmiede (Nordermarkt 9). Diese wohl weltweit einmalige Präsentation von dem klassischen Essbesteck basiert auf der Sammelleidenschaft von Peter Möller. Der Gold- und Silberschmied hat historische Löffel zusammengetragen, die im Keller unter dem Geschäft zu sehen sind.

Selbst die Kneipen von Meldorf machen dem inoffiziellen Beinamen der Stadt alle Ehre. In der „Kulturkneipe Bornholdt" (Zingelstraße 4), untergebracht in einem urigen Altbau, gibt es eine offene Lesebühne und Konzerte. Meldorf ist eben tatsächlich die Kulturhauptstadt von Dithmarschen.

Info

Lage: Die Stadt Meldorf liegt mitten im Landkreis Dithmarschen, etwa 14 Kilometer südlich von der Kreisstadt Heide.

Websites:

- *stadt-meldorf.de*
- *kirche-meldorf.de/dom*
- *stiftung-mensch.com/weberei*
- *landesmuseum-dithmarschen.de*
- *landwirtschaftsmuseum.sh*
- *domgoldschmiede.de*
- *bornholdt-meldorf.de*

HINWEIS: Der Speicherkoog in der Meldorfer Bucht westlich von Meldorf ist einen Abstecher wert. Hier gibt es ein Speicherbecken und Badestellen – ein kleines Paradies für Wassersport, Radtouren und Spaziergänge. Die Nationalparkstation Wattwurm (Hafenstraße 2) informiert mit einer Ausstellung über die Naturregion und bietet Führungen an.

43 Brunsbüttel

SCHLEUSENSTADT AM NORD-OSTSEE-KANAL

Bei Brunsbüttel befindet sich die Elbmündung, wo Nordsee und Elbe aufeinandertreffen. Die Hafenstadt ist wichtig als Tor zum Nord-Ostsee-Kanal, weiß aber auch mit einer gemütlichen Altstadt zu begeistern. Fans von historischen Häusern kommen hier genauso auf ihre Kosten wie „Schiffs-Spotter", die am Ufer sitzen und die zahlreichen Containerfrachter beobachten.

„Kanal-Kilometer 0": So lautet die schlichte Bezeichnung von Brunsbüttel aus Sicht des Nord-Ostsee-Kanals, der hier startet, sich auf einer Länge von 99 Kilometern durch Schleswig-Holstein schlängelt und schließlich bei Kiel in der Ostsee mündet. Die weltweit meistbefahrene künstliche Wasserstraße für Seeschiffe ist gleichzeitig ein beliebtes Ausflugsziel, schließlich bietet der Kanal eine abwechslungsreiche Route für Fahrradtouren – Schiffe gucken inklusive.

Das geht schon bei den Schleusenanlagen in Brunsbüttel. 30.000 Mal pro Jahr müssen die Schleusen arbeiten, um Kreuzfahrt-, Container- und andere Schiffe durchzulassen – und hier begegnen einem die oft gigantisch großen Seegefährte sozusagen

Schleusenanlage

auf Augenhöhe. Es ist aber ein genauso faszinierender Anblick, diese Riesenschiffe gemächlich an der flachen Wiesenlandschaft vorbeiziehen zu sehen. Also, das „Schiffs-Spotting" gehört zum Pflichtprogramm bei einem Brunsbüttel-Besuch. Direkt neben der Schleusen-Promenade befindet sich das „Kanalmuseum ATRIUM" (Gustav-Meyer-Platz 2), das sich mit der Geschichte des

Nord-Ostsee-Kanals befasst und viele Schiffs- und Landschaftsmodelle zeigt.

Containerschiff in der Schleuse

Die Schleusenanlage beziehungsweise der Kanal teilt die Stadt in zwei Bereiche. Auf der Nordwest-Seite liegt die Altstadt mit Wohnvierteln, während die südöstliche Seite industriell geprägt ist. Tatsächlich handelt es sich um Schleswig-Holsteins größtes zusammenhängendes Industriegebiet. Von hier aus starten beispielsweise Güterzüge mit Flüssiggas, das zuvor im Industriehafen von Bohrinseln aus der Nordsee oder aus Raffinerien verschiedener Länder von Frachtschiffen geliefert worden ist.

Jakobuskirche

Davon ist in der Altstadt auf der anderen Kanalseite allerdings nichts zu merken. Allein der Marktplatz von Brunsbüttel versetzt einen um Jahrhunderte zurück mit einem guten Dutzend unter Denkmalschutz stehenden Häusern. Dazu gehört auch das Heimatmuseum (Markt 4), das die Geschichte der Walfänger und Piraten präsentiert. Ein barockes Kleinod ist die Jakobuskirche aus dem Jahr 1678, umgeben von wirklich zauberhaften Fachwerkhäusern.

Bojehaus in der Altstadt

Info

Lage: Brunsbüttel liegt an der Elbmündung und dem Nord-Ostsee-Kanal.

Websites:

- *brunsbuettel.de*
- *schleusenstadt-brunsbuettel.de*
- *schleuseninfo.de/kanalmuseum-atrium*
- *museum-brunsbuettel.de*

HINWEIS: Das SchleusenInfoZentrum (SIZ) bietet Schleusenführungen und maritime Stadtführungen an; *schleuseninfo.de*

Steinburg und Pinneberg

Störfähre in Beidenfleth

Steinburg und Pinneberg

44. Wilstermarsch: am tiefsten Punkt Deutschlands
45. Wenzel-Hablik-Museum: Kunst-Visionär aus Itzehoe
46. Glückstadt: historische Hafenperle an der Elbe
47. Barmstedter Schlossinsel: Herrenhaus-Idylle im Rantzauer See
48. Arboretum Ellerhoop: die norddeutsche Gartenschau
49. Fliesenmanufaktur van Hees: handgefertigte Unikate aus Seestermühe
50. Zur Erholung: hochwertige Bio-Menüs in Uetersen

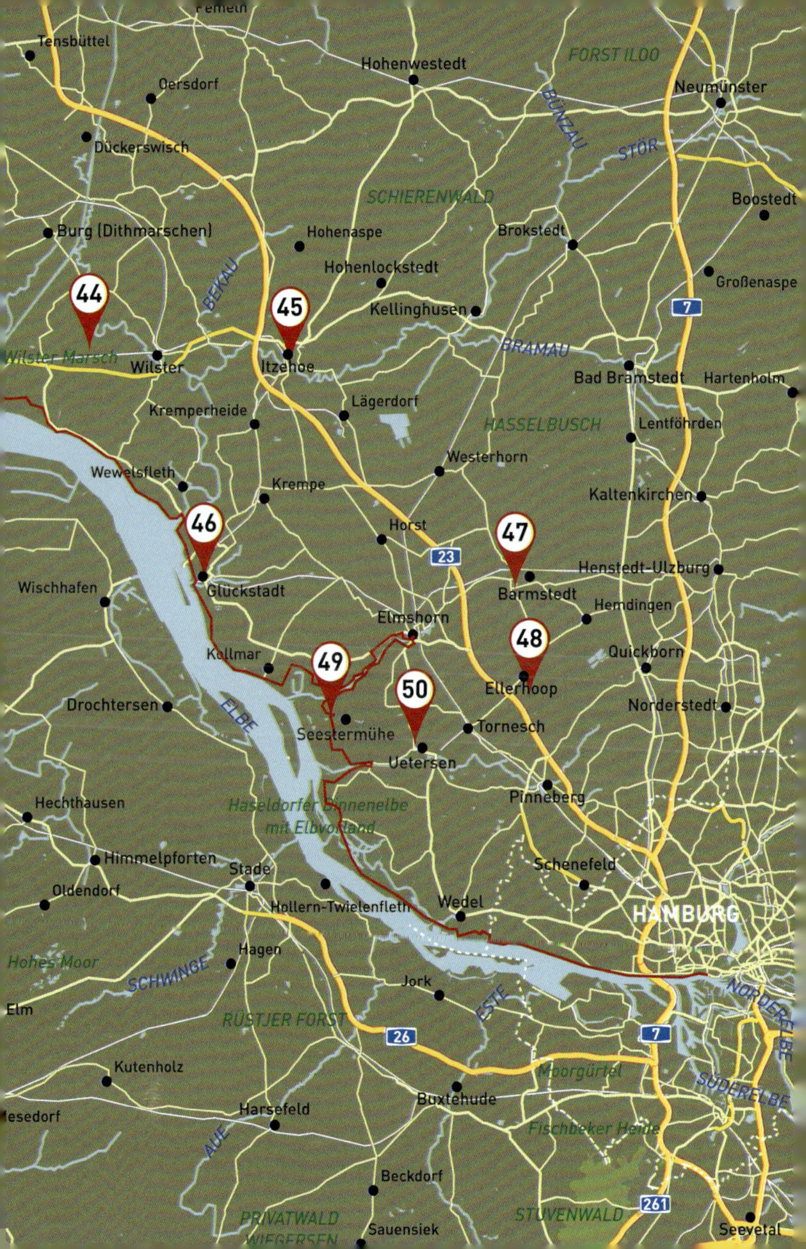
Tensbüttel
Oersdorf
Dückerswisch
Burg (Dithmarschen)
Hohenwestedt
Forst Iloo
Neumünster
Bünzau
Stör
Schierenwald
Boostedt
Hohenaspe
Brokstedt
Hohenlockstedt
Großenaspe
Bekau
Kellinghusen
7
Bramau
44
45
Wilster Marsch
Wilster
Itzehoe
Bad Bramstedt
Hartenholm
Kremperheide
Lägerdorf
Hasselbusch
Lentföhrden
Westerhorn
Wewelsfleth
Krempe
Kaltenkirchen
46
Horst
47
23
Henstedt-Ulzburg
Glückstadt
Barmstedt
Wischhafen
Hemdingen
Elmshorn
48
Quickborn
Kollmar
49
50
Ellerhoop
Drochtersen
Norderstedt
Elbe
Seestermühe
Tornesch
Uetersen
Pinneberg
Hechthausen
Haseldorfer Binnenelbe mit Elbvorland
Himmelpforten
Stade
Schenefeld
Oldendorf
Hollern-Twielenfleth
Wedel
Hamburg
Hagen
Hohes Moor
Schwinge
Jork
Norderelbe
Elm
Este
Rüstjer Forst
26
7
Moorgürtel
Kutenholz
Süderelbe
Buxtehude
Harsefeld
Fischbeker Heide
Aue
Beckdorf
261
Privatwald Wiegersen
Stuvenwald
Sauensiek
Seevetal

44 Wilstermarsch

AM TIEFSTEN PUNKT DEUTSCHLANDS

„Von hier aus geht's nur bergauf", pflegt man in der Wilstermarsch zu sagen, denn diese Region zwischen Stör und Elbe liegt unter dem Meeresspiegel – und enthält auch noch die tiefste Landstelle Deutschlands. Neben einem Besuch des historischen Städtchens Wilster bieten sich hier Fahrrad- und Kanutouren an.

Doos'sches Palais

Wilster liegt mittendrin in der Wilstermarsch und besticht mit seinem historischen Stadtkern. Das Alte Rathaus (Op de Göten 8) stammt aus dem Jahr 1585 und zählt mit seinem Fachwerkobergeschoss zu einem der schönsten Renaissancebauten Holsteins. Im Inneren lässt sich die Wilstermarschstube besichtigen, die einen guten Eindruck davon vermittelt, wie Menschen hier vor 200 Jahren gewohnt haben. Auch der Festsaal im Obergeschoss sowie die Gerichtsstube mit ihrer „Bibliothek aus der Goethezeit" sind öffentlich zugänglich im Zuge einer Stadtführung.

Auf dem „Wilster Kulturpfad" liegt neben dem Alten Rathaus auch das „Doos'sche Palais", erbaut um 1785. Dieses Anwesen mit seinem Barockgarten gilt als das schönste Beispiel großbürgerlicher Wohnkultur des 18./19. Jahrhunderts in Schleswig-Holstein, auch weil sich vieles noch im Originalzustand befindet. Allein der Spiegelsaal, der auch als Trauzimmer dient, lohnt den Besuch. Das Gebäude ist nicht komplett öffentlich zugänglich, allerdings befindet sich hier die Stadtbücherei Wilster, die regelmäßig Lesungen im Spiegelsaal veranstaltet.

3,54 Meter unter dem Meeresspiegel

Östlich von Wilster befindet sich die Schöpfmühle in Honigfleth, die als Wahrzeichen der Wilstermarsch gilt. Eine Sehenswürdigkeit ganz anderer Art gibt es in dem Dorf Neuendorf-Sachsenbande. Mit 3,54 Meter unter dem Meeresspiegel befindet sich hier die tiefste Landstelle Deutschlands (Burger Straße 13). Vielmehr als ein Holzschild, das auf diese Besonderheit hinweist, ist nicht zu sehen, aber es bleibt ein originelles Ausflugsziel. Das Dorf nutzt den Ruhm für ein wenig Merchandising und bietet Anstecker mit dem Gemeindelogo an oder auch Kaffeebecher mit dem Hinweisschild.

Restaurant „Zum Dückerstieg"

Als Verkaufsstelle dieser Souvenirs dient der Landgasthof „Zum Dückerstieg" (Dückerstieg 7), das zu den besten Restaurants Schleswig-Holsteins gehört und vom Gourmet-Magazin „Der Feinschmecker" als eines der „500 besten Restaurants für jeden Tag in Deutschland" gekürt wurde. Küchenchef Frank Prüß kann auf eine beachtliche Koch-Vita zurückblicken, zu seinen Stationen gehört auch das Hamburger Hotel „Vier Jahreszeiten". In seinem Familienbetrieb geht es regional und hochwertig zu: Empfehlenswert ist das gebratenes Zanderfilet oder die Keule vom Perlhuhn. Auch ein klassisches Wiener Schnitzel steht hier auf der Karte.

Für Literaturfans hat der kleine Ort Wewelsfleth etwas zu bieten, denn hier besaß der Schriftsteller Günther Grass (1927–1957) ein Haus aus dem 17. Jahrhundert, das er 1985 der Stadt Berlin schenkte. Als „Alfred-Döblin-Haus" (Dorfstraße 3) steht es nun als temporäre Arbeitsstätte dem literarischen Nachwuchs zur Verfügung. Die Berliner Akademie der Künste vergibt hierfür Stipendien. Öffentlich zugänglich ist das Haus nur bei Lesungen.

Aber wer die Wilstermarsch besucht, sollte natürlich auch die schöne Landschaft erkunden. Das geht am besten über eine Paddeltour auf der Wilsterau. Oder mit dem Fahrrad, etwa auf der ausgeschilderten „Land unter Tour" von Wilster über Sachsenbande zum Nord-Ostsee-Kanal, vorbei an einer malerischen Landschaft, schönen Bauwerken und Schiffen.

Paddeln in der Wilstermarsch

Info

Lage: Die Wilstermarsch ist eine der vier holsteinischen Elbmarschen und liegt nordöstlich der Elbe zwischen der Stör, dem Nord-Ostsee-Kanal und dem Geestrand im Kreis Steinburg.

Websites:

- *holstein-tourismus.de*
- *wilster.de*
- *stadtbuecherei-wilster.de*
- *tiefstelandstelle.de*
- *dueckerstieg.de*

45 Wenzel-Hablik-Museum

KUNST-VISIONÄR AUS ITZEHOE

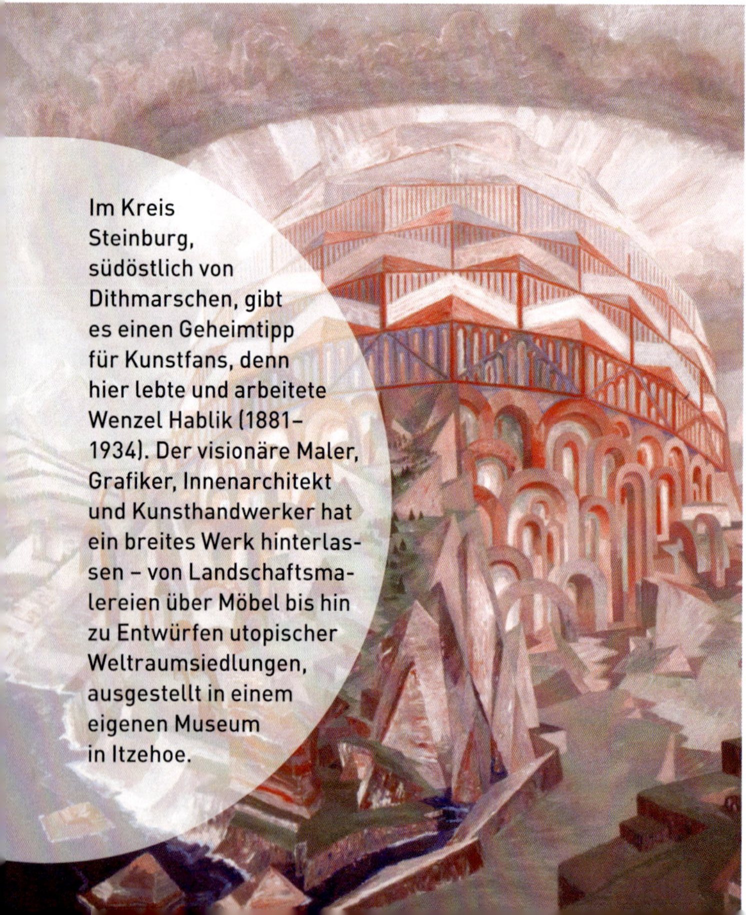

Im Kreis Steinburg, südöstlich von Dithmarschen, gibt es einen Geheimtipp für Kunstfans, denn hier lebte und arbeitete Wenzel Hablik (1881–1934). Der visionäre Maler, Grafiker, Innenarchitekt und Kunsthandwerker hat ein breites Werk hinterlassen – von Landschaftsmalereien über Möbel bis hin zu Entwürfen utopischer Weltraumsiedlungen, ausgestellt in einem eigenen Museum in Itzehoe.

Das Gemälde „Der Sternenhimmel" zeigt in verschiedenen Blautönen das Weltall und einige Himmelskörper: Planeten, Sterne, aber auch bewohnte Raumstationen in Kristallformen. Ab 1909 beschäftigte sich der deutsch-böhmische Künstler Wenzel Hablik mit Weltraum-Utopien im Zuge der „Phantastischen Architektur", mit der sich seinerzeit auch andere Künstler beschäftigt haben. Wenzel Hablik war Mitglied in der „Gläsernen Kette", in der sich ab 1919 moderne Architekten versammelt hatten, darunter auch der Bauhaus-Gründer Walter Gropius, der das „letzte Ziel der Kunst" folgendermaßen formulierte: „Die schöpferische Konzeption der Zukunftskathedrale, die wieder alles in einer Gestalt sein wird, Architektur und Plastik und Malerei."

Sternenhimmel (1909)

Entwurf für einen Festsaal (1924)

Auch Hablik sah sich als Schöpfer eines Gesamtkunstwerks, der in allen Sparten aktiv war. Er entwarf Polsterbezüge mit Muschelmotiven, Möbel mit Wellenschliff und Lampen mit kristallinen Formen. „Gleichzeitig drückte er die ganze Explosivität dieser Zeit, das Unbehagen an den Zuständen, die Hoffnung auf die Zukunft, den grenzenlosen Ausdruckswillen in den wilden und zackigen Farbgestaltungen kompletter Innenräume aus", wie es Beatrice Härig in der Zeitschrift „Monumente" von der Deutschen Stiftung Denkmalschutz

Dauerausstellung

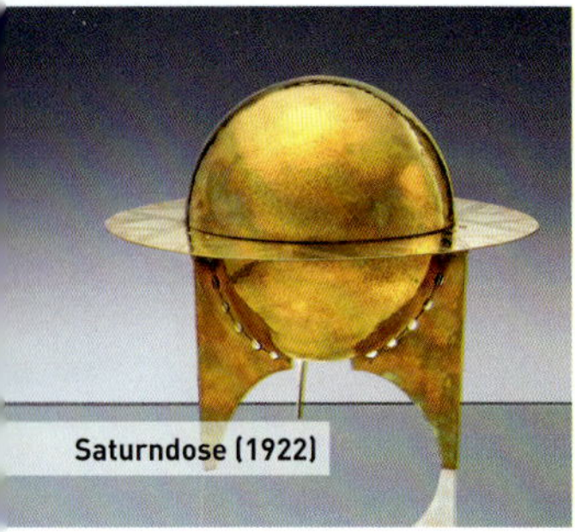

Saturndose (1922)

Elisabeth und Wenzel Hablik

beschreibt. „Wand- und Deckenflächen werden von ineinander verwinkelten Streifen in satten Farben bedeckt, die Möbel sind auf die Räume zugeschnitten, bunte Läufer mit mäanderförmigen Mustern legen sich über Wand und Boden."

Seine expressionistische Innenraumgestaltung konnte Hablik im Grunde nur in seinem eigenen Haus umsetzen, einer Villa in Itzehoe, wo er ab 1907 gelebt hat. Die Hablik-Villa (Talstraße 14) ist nicht einfach so öffentlich zugänglich, kann aber nach Anmeldung besichtigt werden. Darüber hinaus beherbergt das Wenzel-Hablik-Museum seit 1995 seinen Nachlass und zeigt seine Werke in einer Dauerausstellung.

Aber was wäre ein visionärer Künstler ohne eine Liebesgeschichte? Wenzel Hablik verliebte sich zunächst in die norddeutsche Landschaft bei Stipendium-Aufenthalt auf der Insel Sylt und traf auf der Rückreise seinen späteren Mäzen Richard Biel, der als Holzgroßhändler zu Wohlstand gekommen war. Über ihn lernte er die Webmeisterin Elisabeth Lindemann kennen, die Leiterin der Meldorfer Museumsweberei (siehe Tipp 43). Sie heirateten 1917 und begründeten damit einen großen Kunstbetrieb, der sich in ihrer Villa und einer Werkstatt, wo zeitweilig 50 Menschen arbeiteten, niederschlug.

Wenzel-Hablik-Museum

Das Wenzel-Hablik-Museum befindet sich in einem denkmalgeschützten Kaufmannshaus. Hablik, der 1934 in Itzehoe gestorben ist, gilt heute als einer der wichtigsten Vertreter der expressionistischen Architektur und zählt zu den bedeutendsten Künstlerpersönlichkeiten Schleswig-Holsteins. Die Dauerausstellung zeigt einen Querschnitt aus dem Gesamtkunstwerk Wenzel Habliks, darunter Ölgemälde, Grafiken, Möbelensembles, kunsthandwerkliche Arbeiten, Kristall- und Muschelsammlungen sowie Textilarbeiten der Handweberei Hablik-Lindemann.

Info

Lage: Das Wenzel-Hablik-Museum liegt am Südrand von Itzehoe, einer Stadt, die sich etwa 30 Kilometer östlich von Brunsbüttel befindet und sehr gut mit der Bahn erreichbar ist: Reichenstraße 21, 25524 Itzehoe

Websites:

- *wenzel-hablik.de*
- *hablik-villa.de*

HINWEIS: Gut essen vor schöner Kulisse kann man in Itzehoe im „himmel + erde" (Kirchenstraße 5). Das Gebäude stammt aus dem Jahr 1709 und die Küche ist regional und in bester Bio-Qualität; *himmelunderde.sh*

46 Glückstadt

HISTORISCHE HAFENPERLE AN DER ELBE

Mit einem historischen Hafen und einer wundervoll herausgeputzten Altstadt ist dieser Ort aus dem 17. Jahrhundert unbedingt empfehlenswert. Die „Glückstädter Matjes“ sind legendär, aber das sind nicht die einzigen kulinarischen Vorzüge der kleinen Elbhafenstadt. Fans von ausgedehnten Fahrradtouren kommen hier auch auf ihre Kosten, schließlich kreuzen sich in Glückstadt vier Fernradwege.

Nicht allen Menschen hat Glückstadt wirklich Glück gebracht. Eines der schönsten Bauwerke war nämlich knapp zwei Jahrhunderte lang kein besonders beliebter Wohnsitz, denn es diente bis 1927 als Gefängnis: Das „Frühere Zucht- und Tollhaus am Binnenhafen" (Am Rethövel 9) gehört mit seinen dicken weißen Mauern und den grünen Fensterrahmen zur idyllischen Hafenmeile von Glückstadt. Die früheren Gefängniszellen sind zu Wohnungen umgebaut worden.

Früheres Zucht- und Tollhaus am Binnenhafen

Übrigens hat sich aus dem Zucht- und Tollhaus eine Redensart entwickelt: „He hett in Glückstadt studeert" („Er hat in Glückstadt studiert") war die euphemistische Umschreibung für jemanden, der seine Haftstrafe in Glückstadt abgesessen hat. Jedenfalls lohnt sich ein Spaziergang am Binnenhafen, wo sich weitere ansehnliche Gebäude aus früheren Zeiten befinden, nur eben mit einer nicht ganz so abenteuerlichen Vorgeschichte.

Eine Besonderheit von Glückstadt liegt in der Entstehungsgeschichte. Die Stadt ist nicht natürlich gewachsen, sondern 1617 am Reißbrett entstanden. Christian IV., der damalige König von Norwegen und Dänemark (und damit auch Herrscher über Schleswig und Holstein), wollte in seinem Machtbereich ein Gegengewicht zur Handelsmetropole Hamburg schaffen und ließ Glückstadt mitsamt Hafen von Grund auf neu errichten. Der Grundriss ist sechseckig und vom Marktplatz führen sieben schnurgerade Straßen an die Stadtränder. Die Straße Am Fleth führt ebenso gerade am Marktplatz vorbei und schneidet die Stadt mitsamt einem Kanal in zwei Hälften.

Hafen in Glückstadt

Der Markt selbst ist nach wir vor recht imposant. Hier befinden sich neben Kirche mit der Glücksgöttin Fortuna und dem imposanten Rathaus sehr urige Restaurants wie „Der kleine Heinrich" (Am Markt 2). Hier gibt es natürlich auch den Glückstädter Matjes, für den das Elbstädtchen berühmt ist. Im kleinen Heinrich kann man ihn vor maritimer Kulisse genießen – unter Schiffsmodellen, alten Balken und Fliesen mit Seemotiven. Der Name des Restaurants stammt von einem alten Segelschiff, der von Glückstadt aus auf Walfang gefahren ist.

Matjeswochen

Wer von der typischen Spezialität nicht genug bekommen kann, sollte im Juni vorbeischauen. Dann befindet sich die Stadt mit den „Glückstädter Matjeswochen" im kulinarischen Ausnahmezustand –und das schon seit 1968. Es dreht sich dabei nicht nur um das leckere Fischgericht – die Matjeswochen sind darüber hinaus ein großes sommerliches Stadtfest mit vielen Verkaufsständen und Livemusik.

Ein maritimes Abenteuer bietet die „Rigmor von Glückstadt". Hierbei handelt es sich um einen restaurierten Zollkutter, gebaut 1853. Dieses „schwimmende Denkmal", wie die Betreiber es nennen, ist Deutschlands ältestes Segelschiff, das Gäste beispielsweise nach Hamburg oder Brunsbüttel über die Elbe mitnimmt.

Rigmor von Glückstadt

Wer lieber festen Boden unter den Füßen hat, kann Glückstadt auch als Startpunkt für ausgedehnte Touren auf den vier Fernradwegen nutzen, die sich hier kreuzen. Empfehlenswert sind der Elbe- und Nordseeküstenradweg, die ideal zum Schiffe anschauen sind. Der Mönchsweg führt ins Landesinnere vorbei an Kirchen und Klöstern, entweder nach Norden bis Roskilde (Dänemark) oder nach Südwesten bis nach Bremen. Die Deutsche Fährstraße verläuft von Bremervörde in Niedersachsen über Glückstadt bis nach Kiel, die letzte Etappe führt am Nord-Ostsee-Kanal entlang.

Info

Lage: Glückstadt liegt an der Unterelbe im Kreis Steinburg und ist auch über die Elbfähre vom niedersächsischen Wischhafen aus erreichbar.

Websites:

- *glueckstadt-tourismus.de*
- *der-kleine-heinrich.de*

47 Barmstedter Schlossinsel

HERRENHAUS-IDYLLE IM RANTZAUER SEE

Gut 30 Kilometer nördlich von Hamburg liegt das Städtchen Barmstedt. Der staatlich anerkannte Erholungsort ist ein kleines Idyll mit Herrenhaus und einer intakten Wassermühle. Hier bieten sich Spaziergänge und Bootstouren an. Ein Besuch lohnt sich, denn die Barmstedter Schlossinsel ist ein in Schleswig-Holstein einzigartiges, denkmalgeschütztes Ensemble.

Seit 2022 ist es beschlossene Sache: Das Gebiet um die Barmstedter Schlossinsel (oder „Rantzauer Schlossinsel“ wie sie auch genannt wird) bekommt in den nächsten Jahren eine Generalüberholung. Das großangelegte Sanierungsvorhaben umfasst die Schlossinsel selbst mit ihren denkmalgeschützten Gebäuden sowie die Erneuerung der Schlossbrücke und des Küchengartens. Auch der Bootssteg soll bald in neuem Glanz erstrahlen, denn der Rantzauer See ist im Sommer ein Tretboot-Hotspot.

Atelier Weissenbacher

Die Schlossinsel bestand ursprünglich aus drei kleinen Inseln mit einer mittelalterlichen Burganlage. Im 18. und 19. Jahrhundert sind diese miteinander verschmolzen und in den 1930er-Jahren entstand der Rantzauer See, der sich aus dem Fluss Krückau speist. Dass der See künstlich angelegt worden ist, tut dem idyllischen Erlebnis keinen Abbruch. Der See, der an das Städtchen Barmstedt grenzt, ist 420 Meter lang und 280 Meter breit, groß genug also für einen kleinen Spaziergang auf dem Ufer-Wanderweg, der einen früher oder später zu der historischen Mühle führt. Diese voll funktionstüchtige „Rantzauer Wassermühle“ aus dem 19. Jahrhundert produziert Strom und beherbergt ein Geschäft für Töpfereibedarf, wo auch Töpferkurse angeboten werden.

Angekommen auf der Schlossinsel, die sich gleich gegenüber der Mühle befindet, gibt es einige imposante Gebäude zu entdecken. Wer die kleine Brücke überquert hat, sieht sogleich das Atelier von Karin Weissenbacher, das sich im ehemaligen Gerichtsschreiberhaus befindet. Das rote Backsteingebäude aus dem Jahr 1824 bildet nach dem Pförtnerhäuschen den Auftakt zur

Schlossinsel. Die Malerin und Bildhauerin Karin Weissenbacher zeigt hier im Hochparterre ihre Ölgemälde und keramischen Plastiken, stellt ihre Räume aber auch anderen Kunstschaffenden als Galerie zur Verfügung.

Schlossinsel mit Schlossgefängnis

Weiter geht es zum Herzstück der Schlossinsel, das nicht etwa ein Schloss bildet – das gab es leider nur bis 1804 –, sondern ein Herrenhaus. Noch ist das etwa 200 Jahre alte Gebäude nur schön anzuschauen, aber im Zuge der Sanierungsmaßnahmen könnte es auch bald öffentlich zugänglich werden. Da sich hier einst der dänische Amtssitz für die Grafschaft Rantzau befunden hat, gab es auch einen dänischen Architekten für dieses beachtliche Gebäude. Der klassizistische Baumeister Christian Frederik Hansen (1756–1845) hat es entworfen, der als bedeutendster dänischer Architekt seiner Zeit gilt. Die Schlosskirche im dänischen Regierungssitz Christiansborg hat er ebenso geschaffen wie auch einige weitere Herrenhäuser in Schleswig-Holstein und Wohnhäuser in der berühmten Palmaille in Hamburg-Altona.

Den Abschluss bildet das ehemalige „Königliche Amtsgericht", das heute das „Museum der Grafschaft Rantzau" beherbergt. Der ehemalige Gerichtssaal ist noch originalgetreu erhalten und dient nun als Raum für Sonderausstellungen. Im Obergeschoss zeigt das Museum Exponate zur „Geschichte der Region und den

Alltag der Menschen, die hier in all diesen Epochen lebten und arbeiteten" und geht dabei auch auf die besondere Historie von Barmstedt als Schusterstadt ein. Im 19. Jahrhundert zählte die Stadt um die 400 Betriebe parallel, auch eine Schuhfabrik gab es.

Museum der Grafschaft Rantzau

Info

Lage: Der Rantzauer See mit seiner Schlossinsel liegt am Südrand von Barmstadt, etwa neun Kilometer nordöstlich von Elmshorn und 30 Kilometer nördlich von Hamburg: Museum der Grafschaft Rantzau, Rantzau 13, 25355 Barmstedt

Websites:

- *museum-grafschaft-rantzau.de*
- *barmstedt-und-umland.de*
- *rantzauer-wassermuehle.de*
- *karin-weissenbacher.com*

HINWEIS: Es gibt noch ein Schloss des namensgebenden Adelsgeschlechts, nämlich das „Schloss Rantzau" bei Plön (in der Nähe der Ostseeküste).

48 Arboretum Ellerhoop

DIE NORDDEUTSCHE GARTENSCHAU

4000 Pflanzenarten auf einer 17 Hektar großen Fläche: Der ganzjährig blühende Park zwischen Elmshorn und Pinneberg zieht jedes Jahr tausende naturbegeisterte Menschen aus ganz Deutschland an, die sich die unterschiedlichen Themengärten und den Parksee mit seinen Lotusblüten anschauen.

Am Eingang steht der historische Münsterhof, ein imposantes großes Reetdachhaus mit einem Café darin. Wer das passiert hat, tritt ein in eine geradezu märchenhafte Park- und Gartenlandschaft, die endlos erscheint. Gleich hinter dem Münsterhof liegt der Bauerngarten mit hunderten Rosenpappeln und Stockrosen. Dahinter kommt eine Wiese mit 600.000 weißen Dichter-Narzissen, gefolgt vom chinesischen Garten. Zu den Highlights gehört zweifellos die Blüte der Pfingstrosen, die es hier in einer beispiellosen Vielfalt gibt.

Bauerngarten

Auch der Parksee mit seinen Lotusblüten ist unübertroffen in Deutschland, was die Größe der Freilandkultur angeht. Ein ganzes Meer an weiß-rosa Lotusblumen ist ein erhebender Anblick. Das Arboretum Ellerhoop liefert auch immer gleich das nötige Hintergrundwissen mit. So gilt die Lotusblume, ein Seerosengewächs, in Indien als heilig, während diese Blume in China für Vollkommenheit, Reinheit und Unbestechlich-

Lotusblüten

Strauch-Pfingstrosen

keit steht. In jedem Fall gehört sie zu den schönsten Gewächsen der Welt, davon kann sich jeder hier überzeugen.

Chinesischer Garten

Spannend ist auch die Ansammlung verschiedenster Baumarten, die in dieser Gartenschau zu sehen sind – von der Blutbuche bis zum Mammutbaum ist alles vertreten. Gerade auch für Kinder ist der Tast- und Duftgarten ein echtes Erlebnis. Außerdem gibt es hier einen Spielplatz sowie ein Sauriermodell.

Einen wichtigen Beitrag zur Nachhaltigkeit und ökologischen Vielfalt leistet das Arboretum mit der acht Hektar großen Wiesenparkfläche. Dieser Bereich dient als Refugium für seltene, in Vergessenheit geratene oder vom Aussterben bedrohte heimische Wiesen-, Feld- und Wegrandblumen. Schön anzuschauen sind sie auch noch.

Wildblumen-Wiese

Lage: Das Arboretum liegt südlich von Ellerhoop zwischen Elmshorn und Pinneberg unweit der A23 (Abfahrt Tornesch): Thiensen 4, 25373 Ellerhoop

Website: *arboretum-ellerhoop.de*

Info

49 Fliesenmanufaktur van Hees

HANDGEFERTIGTE UNIKATE AUS SEESTERMÜHE

Ein wahres Kleinod des Kunsthandwerks findet sich in dem kleinen Ort Seestermühe im Kreis Pinneberg. Hier ist Claudia van Hees mit ihrem Team am Werk und fertigt Fliesen nach historischen Vorbildern. Wer ein unverwechselbares Mitbringsel sucht, kann hier kleine Keramikkunstwerke erstehen.

Der Ausstellungsraum hat es in sich. Die „Fliesenmanufaktur van Hees", die sich in einer urigen Scheune befindet, präsentiert hier ihre historischen Schätze: Delfter Fliesen, teilweise mehrere hundert Jahre alt, zeigen sich sauber aufgereiht und präsentieren ihre alten Muster und Motive in dem typischen Friesenblau. Manche dieser Fliesen sind verkäuflich, aber die meisten dienen als Vorlage für die Neuproduktion. Es ist dabei faszinierend zu sehen, wie detailliert manche Motive sind und dass sie sich manchmal über einen ganzen Quadratmeter aus mehreren Fliesen erstrecken, wie etwa eine Ansicht von mehreren Segelschiffen. Aber auch einzelne Fliesen mit einer verträumten Windmühle haben ihren Reiz.

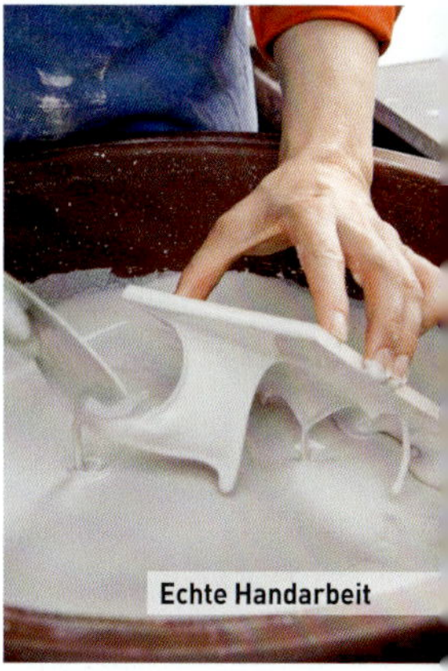
Echte Handarbeit

Claudia van Hees jedenfalls reproduziert diese alten Fliesen kunstvoll in Handarbeit und studiert sie regelmäßig: „Jede Fliese ist wie ein Wesen mit einer eigenen Seele", sagt die Keramikerin beim Blick über ihre Sammlung und wundert sich, denn „obwohl sie schon so lange hier stehen, entdecke ich immer wieder neue Details". Und davon gibt es reichlich, schließlich ist die Motivwelt der historischen holländischen Fliesen schier unendlich – sie reicht von der Darstellung von Feldarbeit über Dorfansichten bis hin zu allen erdenklichen maritimen Motiven wie Hanse-Koggen oder Walfischen.

Ausstellungsraum

In der Fliesenmanufaktur arbeitet inzwischen ein ganzes Team, das Monat für Monat gut 4000 Fliesen

Historische Schätze

fertigt. Dabei entsteht hier wirklich alles, also auch die Fliese an sich. Die 13 mal 13 Zentimeter werden aus dem noch ungebrannten Ton herausgeschnitten, einmal gebrannt, dann glasiert und nach der Bemalung erneut in den Brennofen geschickt. Die ganze Prozedur nimmt mehrere Tage in Anspruch. Claudia van Hees wird es auch nach 30 Jahren nicht langweilig. Sie liebt ihren kreativen Beruf nach wie vor und schöpft auch eine gewisse Genugtuung aus der Tatsache, dass sie mit ihrer Manufaktur ein altes Handwerk erhalten kann. Einen Betrieb wie ihren gibt es nur noch ganz selten in Europa.

4000 Fliesen pro Monat

Der Weg zu ihrem jetzigen Erfolg war nicht gerade vorgezeichnet. Die genauen Zusammensetzungen der alten Farben und Glasuren sind nicht überliefert. Daran hat die gebürtige Lübeckerin jahrelang gefeilt und experimentiert, bis es endlich nahe genug an das historische Original herangekommen ist. „Ich finde das nach wie vor sehr faszinierend", sagt Claudia van Hees und verweist auf die moderneren Motive, die sie mit ihrem Team natürlich auch kreieren kann. Denn nicht nur die Fliesen mit Motiven etwa von den Nordfriesischen Inseln sind beliebt, sondern auch von allen erdenklichen Haustieren wie Katzen oder Hunde.

Info

Lage: Die Fliesenmanufaktur van Hees befindet sich bei Antikbau Stawe in dem kleinen Ort Seestermühe zwischen Elmshorn und dem Elbufer: Am Altenfeldsdeich 6, 25371 Seestermühe

Website: *fliesenmanufaktur.de*

50 Zur Erholung

HOCHWERTIGE BIO-MENÜS IN UETERSEN

Einen alten Landgasthof mit 160-jähriger Tradition aus dem Dornröschenschlaf zu holen, das hat ein Geschwister-Team aus Uetersen gemacht – mit erstklassiger Bioküche und einem „Tante-Anne-Laden“. Ihr Restaurant „Zur Erholung“ ist ein herausragendes Beispiel für moderne und nachhaltige Kochkunst.

„Wer zu uns kommt, wird wie bei guten Freunden umsorgt – locker, herzlich, norddeutsch echt. Und gleichzeitig hochprofessionell und kompetent." So lautet das Motto von Anne und Bernd Ratjen, ein Geschwister-Gespann, das eine lange Familientradition fortführt. Aus dem klassischen Gasthof haben sie einen Gourmet-Tempel gemacht, der so auch in einer Metropole wie Hamburg oder Berlin stehen könnte.

Bernd und Anne Ratjen

Aber vielleicht ist diese spezielle Mischung, die die beiden geschaffen haben, eben doch etwas ganz Eigenes und benötigt gar keinen Großstadtvergleich. Bernd Ratjen ist ein experimenteller Koch, der die ganze Palette von Wild bis vegan anbietet – das muss man erst einmal schaffen. Kulinarische Erfahrungen sammelte er im Hotel Park Hyatt, im Fillet of Soul in Hamburg, im Schweizer Grand Hotel Regina und in München bei Mario Gambas Sterne-Italiener Aquarello. „Essen darf nicht nur schmecken, sondern muss auch immer natürlich sein, immer saisonal und regional, handwerklich und schonend zubereitet", lautet sein Koch-Credo.

Für Bio-Gourmets

Das elterliche Restaurant „Zur Erholung" hat er 2017 gemeinsam mit seiner Schwester Anne übernommen. Seit 1862 gibt es dieses Lokal in Uetersen, einer Stadt mit gut 18.000 Einwohnern im Kreis Pinneberg. Aus dem urigen Gebäude haben die beiden eine stylishe Location gemacht. Der Par-

Stylisher Gastraum

kettboden harmoniert bestens mit den teils hellen, teils dunklen Wänden und den gusseisernen Säulen mitten im Gastraum.

Auch der „Tante-Anne-Laden" im ehemaligen Clubraum kann sich sehen lassen. Auf grün lackierten Holzpaletten stehen allerlei Köstlichkeiten bereit, die Gäste für zu Hause kaufen können. Neben einer großen Weinauswahl von eher jungen, innovativen Winzerinnen und Winzern, bieten die Ratjens fermentierte Gerichte im Glas an. Vom selbst kreierten Labskaus über diverse Suppen bis hin zum Sauerfleisch ist hier alles erhältlich, auch im Onlineshop. Die gelernte Wein-

Tante-Anne-Laden

fachfrau Anne berät Gäste nicht nur im Laden, sondern auch im Restaurant bei der Auswahl der Weine zum Menü.

Bio-Fertiggerichte

Was den Besuch in „Zur Erholung" außerdem speziell macht, ist der Event-Charakter. Wer ein Ticket für „Bernies Dinner Club" kauft, bekommt „einen Abend wie bei Freunden" mit einem Sechs-Gänge-Menü, wahlweise mit Fleisch und Fisch oder vegan. Die Kreationen sind in jedem Fall fantasievoll. Es gibt Desserts mit Blutorange und Fenchel, Kartoffeln mit Gurken und Haselnüssen oder Kalbsfleisch mit Schalotten. Der hohe Anspruch an Nachhaltigkeit und Qualität zeigt sich auch im Bioland-Siegel, das dieses Restaurant in Gold trägt. Das bedeutet, mindesten 90 Prozent der Produkte müssen aus biologischem Anbau stammen.

Besondere Weinauswahl

Info

Lage: Das Restaurant „Zur Erholung" liegt ganz am Westrand von Uetersen bei Tornesch, 30 Kilometer nordwestlich von Hamburg: Mühlenstraße 56, 25436 Uetersen

Website: *zur-erholung-uetersen.de*

HINWEIS: Uetersen ist „die Rosenstadt", somit bietet sich auch ein Besuch im „Rosarium Uetersen" in der Wassermühlenstraße an, einem der ältesten Rosenparks in Deutschland mit 900 Rosenarten auf einer Fläche von sieben Hektar; *rosarium-uetersen.de*

Das kleine
Wörterbuch

Arboretum Ellerhoop

Das kleine Wörterbuch

Plattdeutsch ist an der Küste weit verbreitet. Es kann also überlebenswichtig sein, ein paar zentrale Begriffe zu kennen.

B

Blagen – Kinder
Buddel – Flasche
Büx – Hose

D

Denn man tau! – Jetzt aber schnell!
Doof – schwerhörig
Dösig – ungeschickt
Düvel – Teufel

F

Feudel – Putzlappen
Figgelinsch – kompliziert

G

Gnaddelig – schlecht gelaunt

H

Höörn – Ecke („Op de Höörn" = „An der Ecke")

K

Kiek mol wedder in! – Schau mal wieder vorbei.
Kuddelmuddel – Durcheinander
Krüsch – sehr wählerisch

L

Luschern – heimlich rübergucken

M

Mittenmang – mittendrin
Mucksch – beleidigt

P

Plattdüütsch – Plattdeutsch
Plietsch – klug

R

Rode Grütt – Rote Grütze

S

Schietenhild – Viel zu tun
Schnacken – miteinander reden

T

Tiet – Zeit

V

Vertell doch mol. – Erzähl doch mal.

W

Wat mutt, dat mutt. – Was sein muss, muss sein.

Z

Zu Potte kommen – endlich anfangen

Leuchtturm Dagebüll

Register

Nordfriesische Nordseeküste bei Ockholm

Register